Voyage à Pitchipoï

Jean-Claude Moscovici

Voyage à Pitchipoï

l'école des loisirs
11, rue de Sèvres, Paris 6ᵉ

Édition revue et augmentée par l'auteur

© 2016, l'école des loisirs, Paris, pour l'édition Médium + poche
© 1995, l'école des loisirs, Paris, pour la première édition
Loi n° 49.956 du 16 juillet 1949 sur les publications
destinées à la jeunesse : septembre 1995
Dépôt légal : septembre 2019
*Imprimé en France par Gibert-Clarey-Imprimeurs
37170 Chambray-lès-Tours*

ISBN 978-2-211-22309-6

*J'écris : j'écris parce que
nous avons vécu ensemble,
parce que j'ai été un parmi eux,
ombre au milieu de leurs ombres,
corps près de leur corps ;
j'écris parce qu'ils ont laissé en moi
leur marque indélébile
et que la trace en est l'écriture :
leur souvenir est mort à l'écriture ;
l'écriture est le souvenir de leur mort
et l'affirmation de ma vie.*

Georges Perec
W ou le souvenir d'enfance

*À David,
pour qui ces pages
ont été écrites.*

*À Odette Bergoffen,
dont l'affection et le courage à partager
notre vie quotidienne et ses dangers permanents
nous ont aidés à chaque instant.*

*À Serge Klarsfeld,
grâce à qui j'ai pu retrouver les traces de
ma famille, et qui m'a donné l'idée
de publier ce témoignage.*

*À tous ceux qui nous ont aidés
au péril de leur vie.*

*À tous les enfants assassinés
pour être venus au monde
et à tous ceux survivants
dont l'enfance a été assassinée.*

Perhaps it is well to remember that a mere 11 percent of European Jewish children alive in 1939 survived the war; one-and-a-half million were killed.

Deborah Dwork
Children With A Star

Chapitre 1 :

Le 20 juillet 1992, à la demande d'un ancien déporté, eut lieu en France, dans une ville de 150 000 habitants, la commémoration du départ d'un train à destination du camp d'extermination d'Auschwitz. Unique convoi parti de province, le convoi n° 8 en date du 20 juillet 1942 était constitué de 824 Juifs, dont 430 femmes, parqués avant leur départ dans le grand séminaire alors réquisitionné, et qui servit en 1942 et 1943 de prison-antichambre des camps. De ce convoi, 14 rescapés survivaient en 1945.

Cinquante ans plus tard, l'évêque de la ville, le préfet et le maire, hauts responsables de la cité, avouaient chacun leur honte d'avoir jusqu'à ce jour ignoré ces événements...

Au début de cette histoire, j'avais à peine six ans, et ma sœur pas encore deux. En Allemagne, Hitler, parvenu au pouvoir depuis plusieurs années, avait créé un parti politique unique et autoritaire, constitué d'hommes fanatiques, qui étaient les nazis. Les SS à l'uniforme noir orné du sinistre insigne à tête de mort en représentaient «l'élite», définie par sa devise : «sang, sélection, dureté». Élevés par eux-mêmes au rang de surhommes, ils obéissaient aveuglément aux ordres de leurs chefs, théoriciens du pire, dont le but était la conquête de l'Europe, désormais exploitée à leur seul profit, et d'où seraient éliminées les races qu'ils considéraient comme inférieures, méprisables et nuisibles.

L'anéantissement des Juifs mais aussi des Tsiganes et des malades incurables, premières victimes désignées, et l'asservissement des Slaves étaient l'objectif principal de leur idéologie démente et meurtrière, qui n'épargnait pas pour autant des hommes d'autres origines dont les idées étaient différentes des leurs.

L'ombre de l'Aigle et de la Croix gammée s'étendait sur l'Europe que l'armée allemande avait commencé à envahir, faisant couler le sang et semant sous ses bottes le désespoir et la mort. C'était l'été 1942.

Toute notre famille, venue d'un autre pays bien des années avant pour vivre en France, proverbiale terre d'asile et de liberté, était alors réunie. L'angoisse née de toutes les mesures racistes prises de jour en jour, depuis des mois et des mois, par le gouvernement de la France occupée, pesait lourdement sur chacun.

Enfants, nous ressentions cependant peu ces événements tragiques, protégés comme nous l'étions par le rempart familial sur lequel les vagues de nouvelles alarmantes se brisaient sans nous atteindre. Il y avait mon père, ma mère, mes grands-parents maternels et mes trois oncles : les deux frères de mon père et le frère de ma mère.

Ils avaient tous, cousue sur leurs vêtements, sur le côté gauche de la poitrine, une étoile à six pointes en tissu jaune, grande comme la paume d'une main, et portant en caractères noirs l'inscription *Juif*. Ainsi stigmatisés, ils pouvaient être montrés du doigt ou évités.

Porter l'étoile était une obligation faisant partie d'un ensemble de décisions gouvernementales, que leur publication officielle transformait en « ordonnances », et qui retiraient progressivement aux juifs tous leurs droits, avant de leur retirer celui même d'exister.

Mais ni ma sœur ni moi n'en portions, parce que nous étions trop petits.

Depuis aussi longtemps que ma mémoire ait gardé des souvenirs, nous habitions une belle maison à la campagne, en pierre de taille toute blanche et sculptée. Il y avait un grand jardin devant avec deux immenses sapins, un bassin au milieu avec des poissons rouges, des groseilliers et des lilas le long de l'allée, des arbres fruitiers et des roses l'été. Derrière, s'élevait une autre petite maison sans étage, avec un pigeonnier à chaque extrémité, dont les ouvertures sous les toits ressemblaient à des yeux sous un chapeau pointu. Et puis il y avait la balançoire que m'avait offerte mon grand-père, et dans laquelle je me laissais pousser de plus en plus fort et de plus en plus haut, avec des rires mêlés de plaisir et de peur.

Dans le village où j'allais à l'école, mon père était médecin. Il mettait les enfants au monde, soignait presque tout le monde, et je crois que presque tout le monde l'aimait.

Quand cela était possible, il m'emmenait avec lui faire ses visites dans les fermes. Nous traversions des champs et des forêts. De temps en temps, des écureuils ou des lièvres bondissaient devant nous en zigzaguant sur la route.

Quand nous arrivions, presque toujours un chien aboyait en courant vers nous, et ça me faisait peur. En attendant mon père, je restais dans la voiture, et je jouais au conducteur en faisant tourner le volant et en imitant le bruit du moteur. Souvent, quand il revenait, sa lourde serviette à la main, nous allions ensemble voir les animaux.

J'aimais bien m'attarder dans l'étable, et assister à la traite des vaches. La fermière était assise sur un petit trépied en bois. Parfois elle recevait un coup de queue, et ça me faisait rire.

Dans les poulaillers, comme dans celui que nous avions à la maison, je cherchais les œufs comme s'ils avaient été chacun un trésor. C'était un jeu dont je ne me lassais jamais.

Quelquefois, dans la cour, un paon faisait la roue. Ça ressemblait à une grande fleur vivante. J'espérais toujours avoir la chance de l'admirer. Les gens nous donnaient des œufs ou des pommes de terre, ou des fruits, ou du fromage blanc, que j'étais tout fier de donner à ma mère en rentrant.

J'accompagnais aussi mon père dans un château qui me faisait penser à un conte de fées. Quand on en franchissait le seuil, on découvrait une grande baie vitrée qui donnait sur un lac où nageaient des cygnes. Au-delà, s'étendaient des bois à perte de vue. Dans ce château, vivait une femme qui écrivait des livres pour les enfants, et parfois s'y trouvait une autre, qui était peintre, et fit un jour mon portrait.

J'y allais de temps en temps avec ma mère. Je buvais du chocolat chaud, je mangeais des gâteaux, et je regardais le vol des oiseaux qui frôlaient la surface de l'eau.

Quand mon père rentrait les soirs d'hiver, et qu'il faisait déjà nuit, je reconnaissais sur le mur de la maison d'en face la grille d'ombre que faisaient les phares de la voiture, et j'étais content.

À l'entrée du garage, il y avait une pompe à essence peinte en rouge, avec un réservoir en verre au travers duquel on voyait le niveau monter au rythme des mouvements de va-et-vient exercés sur un manche, et nécessaires à son fonctionnement. Son extrémité inférieure était plongée dans un baril en fer-blanc, rempli d'essence, que l'on changeait quand il était vide. J'avais occasionnellement le droit de participer à cette opération qui me donnait l'impression d'être promu au niveau des grands.

Il arrivait que le matin la voiture soit en panne. Mon père et mes oncles s'épuisaient l'un après l'autre à tourner la manivelle pour faire démarrer le moteur. Ils disaient des gros mots. Ça m'amusait. Alors, on allait chercher le mécanicien qui venait à pied, nonchalant, souriant et efficace.

La vie était douce et agréable, sans que j'en aie la moindre conscience.

Je dormais près de mes parents, dans un lit laqué bleu, avec des canards en métal plaqués dessus, et qui avaient l'air de flotter sur l'eau. Ma mère me couchait en me chantant des chansons, et mon père, chaque soir, glissait sous mon oreiller son carnet de visites dans lequel il inscrivait les noms de ses malades. C'était pour moi comme un geste magique m'assurant qu'il ne pourrait plus me quitter jusqu'au matin.

Mais un jour de septembre 1939, comme par quelque soudain maléfice, ce rite enchanteur cessa. La France et l'Allemagne venaient d'entrer en guerre.

Mon père avait fait une demande de naturalisation française, qui lui avait été par deux fois refusée. Il s'engagea comme volontaire étranger, en même temps que l'un de ses deux frères, également médecin. Le second, qui avait obtenu la nationalité française, et fait son service militaire, fut mobilisé. Ils partirent tous les trois. Mon univers familial s'était brutalement rétréci. J'avais un peu l'impression d'avoir été abandonné pour des raisons que je savais graves, mais que je comprenais mal. Je dictais à ma mère des lettres à leur envoyer. Mes grands-parents, dont les demandes de naturalisation avaient aussi été rejetées à trois reprises, et mon oncle maternel, malade, essayaient comme ils le pouvaient de combler ce vide que je ressentais. Quelques mois plus tard, ce fut la débâcle de l'armée française devant l'offensive allemande et l'exode des populations civiles. Huit millions de personnes partirent sur les routes, dans la crainte des bombardements et des mitraillages aériens.

Ma mère, qui ne possédait que des notions rudimentaires de conduite automobile, se mit néanmoins au volant de la 302 Peugeot inutilisée, et nous conduisit, mes grands-parents, son frère et moi, en direction du Sud, dans une petite ville à quelque cent trente kilomètres, où de la famille nous attendait. Le voyage dura douze heures, dans les encombrements indescriptibles de la route. Ma mère, qui attendait alors la naissance de ma petite sœur, était épuisée.

Là-bas, je retrouvai un cousin du même âge que moi. Nous ne quittions pas la fenêtre d'où nous assistions au passage incessant des voitures chargées de matelas sur les toits, de charrettes tirées par des chevaux, débordant de meubles et de bagages. Certains allaient à pied, traînant des enfants par la main et portant une valise ou un gros baluchon sur l'épaule. D'autres poussaient des landaus remplis d'objets hétéroclites, ou passaient sur des vélos auxquels étaient accrochées de petites remorques brinquebalantes. Tous, exténués, fuyaient l'avance de l'armée hitlérienne. C'était un spectacle que, dans notre insouciance, nous trouvions très distrayant.

L'armistice mit un terme à cette situation de nomades qui était aussi la nôtre. Nous sommes revenus à la maison qui avait été temporairement occupée par des soldats allemands.

Après notre retour, ce fut celui de mon père et de mes deux oncles. C'était une joie à chaque fois renouvelée. Nous étions à nouveau tous réunis. On me photographia dans les bras de l'un ou sur les épaules de l'autre, avec un calot sur la tête, qui me donnait l'impression d'être un vrai soldat. Mais le beau képi grenat que je préférais était trop grand, et me tombait sur les yeux.

Cette détente fut de courte durée, brisée par l'ordonnance interdisant aux médecins étrangers d'exercer leur profession. Mon père – dont la carte d'identité était désormais de «Non Travailleur», surchargée d'un tampon «JUIF» en lettres rouges et capitales, précisant à la rubrique profession: «sans» – fut remplacé par son frère qui, français, et récemment mobilisé dans une unité combattante, était encore épargné par les mesures antisémites jusqu'à ce que lui soit retirée, par décret, quelques mois plus tard, la «qualité de Français», le faisant tomber alors sous le coup de la loi lui interdisant à lui aussi d'exercer.

Sur sa demande, et en raison de son grade de médecin-lieutenant et de ses états de service, lui sera néanmoins accordée une «autorisation provisoire de deux mois renouvelable» lui permettant de poursuivre ses activités professionnelles malgré la plainte du confrère local, délateur récidivant, auquel le préfet, étranger à cette décision, et à qui il s'adressa répondra : *«J'estime donc, pour ma part, qu'il serait inopportun de retomber dans les erreurs du passé et j'émets un avis nettement défavorable à la demande de M. (patronyme précédé d'aucun titre), israélite (souligné), de plus célibataire, qui profiterait d'une nouvelle faveur imméritée pour léser la situation des véritables Français. »*

Sans lui, les ressources de la famille se seraient progressivement taries, nous conduisant à l'indigence la plus humiliante.

C'est à cette période que le conseil municipal dut se prononcer pour le choix d'un médecin des écoles. Une élection eut lieu. Mon oncle obtint une forte majorité de voix, contre le second médecin du village récemment installé. Ce dernier, dont les idées politiques étaient celles du gouvernement en place, réussit cependant avec l'appui de quelques autres dont le notaire et le curé, usant de toute leur influence auprès du sous-préfet, à ce que le vote soit annulé, jugeant inadmissible qu'«un Juif soit préféré à un Français».

Le maire, accusé de sympathie envers les Juifs, dut démissionner. Le notaire, qui était l'un des dénonciateurs, prit sa place, et nomma selon son bon vouloir le nouveau médecin des écoles. Mon oncle continua néanmoins à exercer, et mon père, par son intermédiaire, à suivre ses malades dont l'état de santé restait sa préoccupation principale. Alors, il fut accusé d'« exercice illégal de la médecine » et de communisme par la même occasion, et une enquête fut ouverte à son encontre par les services de la Préfecture... mais pour moi qui ignorais ces assauts de dénigrement, et par la force des choses, il devint plus disponible, et cette situation me convenait parfaitement.

Il me prenait souvent sur ses genoux, et me racontait ou me lisait des histoires. J'aimais beaucoup l'histoire de Babar le petit éléphant, et celle du cruel Docteur Bib qui fut changé en thermomètre pour avoir refusé d'aller au chevet d'un enfant malade. Je savais qu'à lui un tel sortilège ne pourrait jamais être jeté.

De temps en temps, le soir, dans la demi-obscurité recherchée de la pièce où nous nous trouvions, il mettait son manteau sur ses épaules, un chapeau sur sa tête, se plaçait devant la porte fermée qui donnait accès à l'escalier, et me tournait le dos. Je le regardais avec toute mon attention... Alors, lentement il grandissait, grandissait, le chapeau dépassait le haut de la porte, son ombre devenait immense, et lui un géant. Puis tout doucement il reprenait sa taille normale, reposait le chapeau et le manteau et, devant mon regard ébahi et émerveillé, se mettait à rire.

Il a fallu que je devienne grand pour comprendre ce spectacle d'illusionniste auquel je cherchai longtemps une explication.

Entre nos occupations communes, il faisait d'interminables parties d'échec avec mon grand-père. Pour éviter le harcèlement de son esprit par les réalités quotidiennes, il avait entrepris de relier des livres. Les reliures étaient belles, mais l'impression minutieuse des titres, en lettres dorées, ne le satisfaisait jamais. Le regarder était pour moi à la fois un plaisir et un acte de complicité. En attendant qu'il ait terminé, il m'arrivait de feuilleter des livres d'images – dont un que le hasard a voulu que je retrouve.

C'était une brochure de grand format, destinée exclusivement aux médecins, et éditée dans le cadre de la politique nataliste du gouvernement par le secrétariat d'État à la Famille et à la Santé. Sur une étiquette blanche collée au verso de la page de garde était inscrit : « *Cet exemplaire a été spécialement imprimé pour Monsieur le Docteur E. M...* », ce dont j'étais très fier. En épigraphe s'inscrivait un long texte en grands caractères cursifs dont la première lettre, un « L », beaucoup plus haute que les autres, en couleur, élégante et sinueuse, les recouvrait toutes, et me faisait penser à un cobra :

« La vie en fleur,
la vie
dans tout ce qu'elle a
de gracieux et de pur,
de tendre et de frais,
doit être préservée
avec amour,
pour que l'espoir demeure
au fond du cœur de l'homme.

Le poète l'a dit : Préservez-nous... ».

puis suivaient, en caractères de taille de plus en plus importante et de couleur différente, les vers de Victor Hugo :

« ... *De jamais voir Seigneur, l'été*

[sans fleurs vermeilles,
La cage sans oiseaux, la ruche sans abeilles...
La maison SANS ENFANTS ».

Entre les pages étaient intercalés des photos et des dessins de gros bébés joufflus, souriants et roses, et de mamans épanouies et heureuses. Différents chapitres se succédaient. Le premier était intitulé : « l'enfant d'abord », et se terminait par la formule : « et pourtant... » précédant à la page suivante, imprimée en lettres géantes, l'affirmation : « L'ENFANT A DES ENNEMIS », en surimpression d'un pastiche du tableau de Rubens : « Le massacre des innocents ». Suivait l'énumération des ennemis : « les préjugés, les modes dangereuses, la peur de vivre et l'égoïsme », aboutissant à la formule : « L'ENFANT, HEUREUSEMENT A UN AMI... LE MÉDECIN... » enfin, plus loin, s'imposait la conclusion : « LA FRANCE DOIT CHOISIR : DES ENFANTS OU LA MORT ».

Les mois qui allaient venir révéleraient la tragique fourberie des instigateurs de ce texte.

Je me souviens aussi d'un autre livre, édité celui-ci au tout début de la guerre, avant l'armistice, et destiné aux enfants ou plus exactement aux élèves des classes primaires. Il s'intitulait : *Alerte aux avions !!!* et mettait en garde contre les risques le plus souvent effroyables des bombardements. La couverture en couleurs, comme le reste des nombreuses illustrations, représentait l'arrivée dans un ciel bleu d'une escadrille de bombardiers allemands, apparition funeste signalée à l'aide d'un téléphone de campagne à un supposé poste de commandement, par un soldat français au sol, protégé par un mur de sacs de sable. Il dirigeait son index gauche vers le danger imminent, portait un casque, et un masque à gaz était pendu à son cou. C'était le *Manuel officiel de défense passive contre les attaques aériennes* rédigé par les services des Ministères de la Défense et de l'Éducation Nationale. Les images m'attiraient par leur graphisme réaliste et par les situations dramatiques qu'elles évoquaient : lâcher de bombes, explosions, incendies, vue en coupe détaillée et précise de l'intérieur d'un bombardier français, que j'appréciais particulièrement, moyens de lutte antiaérienne, soins d'urgence aux blessés et aux asphyxiés, maniement d'un masque à gaz, construction et aménagement d'un abri... situations pour moi irréelles, plus distrayantes qu'inquiétantes, dont je ne pouvais imaginer alors l'éventualité de leur irruption dans la réalité quotidienne à venir.

Les jours passaient... et la vie chaque jour devenait de plus en plus incertaine. Faute d'essence, la voiture fut remplacée par une petite moto. De temps en temps j'avais le privilège de monter sur le porte-bagages, et de me faire promener lentement mais bruyamment, sans que jamais ne soit franchie la frontière interdite du portail.

Ma petite sœur avait grandi. Nous continuions à jouer ensemble dans le sable qui arrivait dans un grand tombereau tiré par un cheval. Nous construisions des châteaux, des tunnels, des toboggans à billes. Nous faisions de la balançoire, du vélo, du chameau à roulettes ou de la voiture à pédales, en essayant d'éviter les fleurs du jardin.

J'avais un phonographe dans une petite mallette bleue. On le remontait avec une manivelle, et l'on écoutait des disques en carton, colorés par de belles images illustrant les chansons.

Nous avions l'embarras du choix des enfants gâtés. Ma grand-mère nous faisait de bons petits plats, des strudels aux pommes et aux noix, de la mousse au chocolat, des confitures de pétales de roses qui sentaient si bon.

À la mi-juin de cette année 1942, ce fut l'anniversaire de l'un de mes oncles. Ma mère et ma grand-mère préparèrent un véritable repas d'anniversaire. Elles sortirent la plus belle nappe, les plus beaux couverts, l'argenterie qui brillait, et quatre verres pour chaque personne!... Je n'avais jamais vu une si belle table. Ce fut comme une fête, c'était la fête d'être encore tous ensemble.

Un matin, à l'école, quelqu'un est venu dans la classe, et nous a appris une chanson qui commençait par « Maréchal, nous voilà! Devant toi, le sauveur de la France... ». On nous a dit que le maréchal Pétain, chef de l'État, était un vieux monsieur très gentil, qui aimait beaucoup les enfants. Après, on nous a distribué des brioches qui étaient dans de grands paniers.

Alors c'était peut-être bientôt la fin de la guerre?

C'était bientôt les grandes vacances.

C'était vraiment une belle journée.

Mais une nuit, à la suite d'une dénonciation faite à la Gestapo, la terrible organisation policière nazie, par certains notables du village dont les agissements à notre égard s'étaient déjà tristement manifestés, un camion gris s'arrêta au portail toujours ouvert de la maison. C'était quelques jours avant l'anniversaire de mes six ans, et le lendemain de la fête nationale du 14 Juillet. On avait fêté ce jour en trinquant avec un peu de vin mousseux dans lequel j'avais trempé mes lèvres.

Dans l'obscurité, quatre hommes marchèrent dans l'allée bordée de groseilliers.

À la porte de la maison, sous la véranda, l'un d'eux tira sur la chaîne qui fit sonner la cloche très fort. Tout le monde fut réveillé, sauf nous, qui dormions profondément, comme seuls les enfants dorment. Mon père, habitué aux réveils nocturnes, pensa qu'il s'agissait de quelqu'un venant le chercher pour se rendre auprès d'un malade. Il se leva vite, ouvrit la fenêtre de sa chambre, au premier étage, et, dans la lumière, aperçut deux gendarmes allemands, casqués et portant une grande plaque de métal sur leurs uniformes. Ils étaient accompagnés par deux gendarmes français, venus d'une localité voisine, et qu'il connaissait bien pour les avoir déjà soignés.

Dès qu'ils entrèrent, les Allemands arrachèrent le fil du téléphone. C'était un téléphone en bois, fixé au mur, avec une petite tablette pour écrire et une manivelle. Les Juifs, depuis longtemps, n'étaient plus autorisés à en posséder ; seuls les médecins qui avaient encore le droit d'exercer ou d'être remplacés pouvaient les conserver. Puis, devant toute la famille brutalement sortie du sommeil et réunie, ils énumérèrent ceux qui étaient arrêtés et devaient partir : mon père, ma mère et mes trois oncles.

C'était comme la sentence d'un tribunal de cauchemar. Deux de mes oncles, les frères de mon père, dormaient en dehors de la maison, à l'autre bout du village. Les gendarmes français, qui savaient où les trouver, partirent les chercher. Les Allemands, restés sur place, répétaient : « Camp de travail, bonnes chaussures, camp de travail... » en insistant pour que soient faits vite quelques bagages et prévus des vivres pour un long voyage.

L'un d'eux sortit de sa poche une photo de ses enfants et la montra avec attendrissement. Mon père, qui parlait allemand, essaya de les convaincre de ne pas emmener ma mère, en raison de l'âge de ma petite sœur, et l'un de mes oncles, le frère de ma mère, qui était malade et couché. Il leur dit que trois hommes jeunes et solides devaient suffire. Ils finirent par accepter.

En fait, une circulaire secrète dictée par les autorités occupantes, excluait de ces arrestations les femmes ayant un enfant de moins de deux ans. Ma sœur n'allait les avoir qu'un mois plus tard.

Dès leur retour avec mes oncles, leur mission accomplie, les gendarmes français ordonnèrent à ma grand-mère de recoudre vite les étoiles jaunes mal cousues sur les vêtements. Tout devait être fait vite, très vite. Puis le moment vint de la séparation et du départ.

Ils quittèrent tous les trois la maison en traversant le jardin, guidés par la lumière des lampes-torches que tenaient les gendarmes. Ils passèrent devant les grands rosiers qui n'avaient plus de parfum pour personne. Ma mère les accompagna jusqu'au camion dans lequel se trouvaient d'autres Juifs arrêtés. En marchant, mon père lui conseilla de prendre un médicament qu'il prescrivait contre l'anxiété et les palpitations qu'elle avait depuis un certain temps.

Ils jetèrent un dernier regard vers la maison dont les fenêtres étaient presque toutes éclairées, mais que ne traversait plus aucune ombre, et montèrent dans le camion.

Au travers de ses larmes, ma mère regarda les feux rouges s'effacer dans la nuit, qui soudainement se referma sur elle...

J'avais été réveillé par les bruits et les mouvements qui avaient lieu dans la maison. J'entendais des voix que je ne reconnaissais pas, des allées et venues... Je savais qu'il se passait quelque chose de grave.

Enfin ma mère monta les escaliers. Elle m'expliqua que mon père et mes oncles étaient partis, que l'on était venu les chercher pour aller travailler quelque part. Je lui demandai s'ils avaient pris une valise et si elle leur avait donné de bons vêtements.

En une nuit la maison était devenue vide et triste. On se promenait dans le jardin avec mon grand-père, on en faisait le tour. Je tenais ma sœur par la main. Il nous parlait.

Puis, un beau jour, quelqu'un est venu nous porter une lettre. C'était une lettre de mon père. Elle était écrite au crayon sur un petit morceau de papier, et avait été jetée sur un quai de gare, d'un train qui roulait vers une destination inconnue :

« En route vers l'Ukraine (probablement), le moral est très bon. Nous serons bien là-bas. On vient de recevoir du chocolat. Ne vous inquiétez pas pour nous.

Baisers. »

Mais avant de partir, l'un de mes oncles avait détaché sa montre de son poignet, comme si pour lui le temps s'était en cet instant arrêté pour toujours.

C'était une montre curieuse, qui me fascinait. Par un simple geste son cadran noir pouvait s'éclipser, et faire place à une surface lisse et brillante. C'était un véritable numéro de prestidigitation que je réclamais sans cesse.

Il la tendit à ma mère, et lui demanda de me la donner quand je serai grand.

Vingt-quatre heures plus tard, dans la nuit de ce « jeudi noir » du 16 au 17 juillet, commençait à Paris « la grande rafle du Vélodrome d'hiver », exécutée par les forces de police françaises sous contrôle de l'occupant : 13 000 Juifs furent arrêtés dont plus de 4 000 enfants.

Les organisateurs allemands de ce guet-apens de masse avaient baptisé cette opération du nom poétique de « Vent printanier ».

Les semaines qui suivirent ne furent jamais plus comme avant. Nous vivions désormais encore plus proches les uns des autres, mais avec une sensation d'absence et de solitude permanente.

La Terre devenait sable mouvant.

Le jour de mes six ans, je reçus un petit billard dont je rêvais, et qui m'avait été acheté à la hâte par l'intermédiaire d'un ami de mes parents. Ma grand-mère avait fait un gros gâteau, et cousu sur ma veste une grande étoile jaune. J'étais très fier de cette étoile. Je la trouvais belle, et j'étais content d'être devenu grand pour la porter comme tous ceux qui m'entouraient. Ma mère avait souvent envie de pleurer, mais ne pleurait jamais devant nous.

Sur la porte de la cuisine il y avait une patère qui soutenait des vêtements appartenant à mon père et à mes oncles. C'était comme une preuve presque vivante de leur présence toujours réelle. On pouvait s'imaginer entendre d'un moment à l'autre leurs pas, leurs voix ou leurs rires. Mais les vêtements restèrent là, comme pétrifiés par un cataclysme. Ma mère n'osa jamais y toucher.

Avant d'être arrêté, mon père avait pris un rendez-vous pour que je sois opéré des amygdales, parce que j'avais souvent des angines. C'était une période au cours de laquelle beaucoup d'enfants étaient opérés. On pensait que c'était mieux ainsi.

L'intervention devait avoir lieu dans une petite ville, dans une clinique tenue par des religieuses, où il y avait un grand jardin avec des parterres de fleurs. Quand le chirurgien arrivait, on sonnait toujours une grosse cloche pour l'annoncer.

J'étais venu avec mes deux meilleurs amis

qui devaient subir le même sort que moi. Malgré la peur que j'avais, j'étais content d'être opéré le premier pour que ce soit vite fini. On me mit un masque sur la bouche et sur le nez. Je dus souffler dans un ballon, je m'endormis. Quand je m'éveillai, ma mère était auprès de moi. Je ne me sentais pas bien, j'avais mal à la gorge. On me donna des glaçons à sucer. À la fin de l'après-midi, nous avons quitté la clinique, et nous sommes tous rentrés ensemble, serrés dans la même voiture.

Le lendemain, je pouvais manger des morceaux de brioche trempés dans du lait. Et puis le surlendemain, j'ai commencé à saigner. Je sentais le sang couler dans ma gorge, et j'avais le goût du sang dans la bouche. Je n'arrêtais plus de saigner, et je vomissais du sang. Les serviettes que ma mère me donnait sans cesse devenaient toutes rouges. Ma pâleur s'accentuait d'heure en heure. Autour de moi, tout le monde était affolé, et plus personne n'était là pour me soigner.

Nous n'avions plus de téléphone. Alors ma mère courut à la poste. C'était assez loin et il y avait une côte à monter. Elle arriva essoufflée et voulut téléphoner à un médecin, mais la postière, qui pourtant connaissait bien mes parents, et était venue bien des fois à la maison, refusa qu'elle le fasse. Ma mère, en pleurs, lui expliqua ce qui se passait, mais la postière lui rappela l'interdiction aux Juifs d'utiliser le téléphone, et lui refusa l'accès à la cabine. La vie d'un petit enfant juif semblait bien peu lui importer.

Enfin un médecin prévenu par quelqu'un d'autre vint tard dans la soirée, et au cours des semaines qui suivirent, je repris lentement des couleurs et des forces.

Un jour, deux Allemands franchirent à nouveau le portail. Ma mère venait d'installer un enfant sous la lampe à rayons ultraviolets, pour qu'il puisse terminer sa cure, dont le nombre de séances avait été initialement prévu par mon oncle, avant son départ. Certains enfants bénéficiaient alors de ce traitement, qui était censé stimuler leur croissance.

De la pièce obscure aux volets clos émanait une lumière bleue irréelle. Devant mes grands-parents, les Allemands ouvrirent la porte, et semblèrent très impressionnés par le spectacle insolite qui s'offrait à eux. Ils virent avec stupeur, étendu sur un divan, un petit enfant nu, portant des lunettes noires, et baignant dans cette étrange lueur et cette odeur particulière d'ozone qui flottait dans l'air. Ils refermèrent aussitôt la porte. En les voyant arriver, j'eus très peur, mais ils repartirent sans dire un mot, après avoir seulement constaté notre présence.

À la fin du mois d'août, ce fut l'anniversaire de ma sœur qui allait avoir deux ans.

Un après-midi, ma grand-mère sortit pour lui acheter une poupée. Dans la rue, elle croisa le nouveau maire du village. Détail marquant : il avait fait construire pour sa femme, de santé fragile, un chalet dans la forêt où nous allions parfois nous promener. Elle y venait se reposer dans le silence bruissant des bois et le parfum des pins. Mais le pavillon, peu fréquenté, finit par être saccagé et avec le temps, disloqué par les racines des arbres, envahi par les ronces et la bruyère, et comme digéré par la nature. Cet homme, époux généreux et sans doute bon père, toisa ma grand-mère, et lui rappela sèchement que les Juifs n'étaient pas autorisés à sortir si tôt dans la journée. Alors elle revint sur ses pas, et rentra à la maison.

Deux ans auparavant, pour fêter ce même événement heureux qu'était la naissance de ma petite sœur, mes parents avaient reçu de mon grand-père maternel une lettre dont le contenu était déjà prémonitoire : « *C'est demain l'anniversaire de la naissance – un mois – de votre petite fille, jour que je ne veux pas laisser passer sans vous dire combien je la voudrais heureuse avec vous tous… Rien de plus navrant que de voir des enfants souffrir. Par les temps qui courent on ne peut, hélas, faire autre chose pour soulager les souffrances que d'exprimer des souhaits... »*

Au cours d'une de ces chaudes matinées d'été, le bourrelier arriva, haletant, pour prévenir ma mère de l'arrestation d'enfants juifs dans une des écoles de la petite ville proche. Il lui conseilla de quitter la maison au plus vite. Mes grands-parents étaient là, mon oncle malade et nous deux. Cette exhortation semblait en fait la seule réponse à ce nouveau pas dans l'escalade des mesures racistes, mais partir où?... comment?... chez qui?...

De jour en jour l'avenir s'assombrissait comme le ciel précédant un raz de marée.

Dans le village, il y avait beaucoup de gens qui étaient gentils avec nous, et quelques autres qui espéraient que les Allemands viendraient aussi nous chercher.

Et ce fut ce qui arriva.

C'était dans la nuit du 1ᵉʳ au 2 septembre. Ma sœur venant d'avoir deux ans, les directives officielles mettant ma mère à l'abri d'une éventuelle arrestation ne la concernaient plus depuis trois jours.

Nous dormions chacun dans notre lit, près de celui où ma mère dormait d'un sommeil entrecoupé de cauchemars. Des voix bruyantes et inconnues soudain la réveillèrent. En un instant elle comprit que, pour nous aussi, l'heure du départ et peut-être de la séparation était arrivée. À très petits pas, ma grand-mère monta les escaliers pour annoncer la présence des Allemands venus nous arrêter, et instinctivement conseilla à ma mère de nous cacher. Puis elle redescendit doucement, sans faire de bruit, pour rejoindre mon grand-père et mon oncle qui déjà préparaient leurs bagages sur les injonctions des gendarmes allemands.

Ma sœur dormait d'une respiration calme et régulière. La réveiller, c'était la faire pleurer et attirer l'attention sur nous trois. Alors très vite, et le plus silencieusement possible, pour ne pas faire craquer le parquet, ma mère me sortit du lit, s'empressa de rabattre les couvertures sur le sien et le mien comme si personne n'y avait dormi, et m'entraîna dans le grenier qui était au même étage.

On se jeta sous un vieux tapis, serrés l'un contre l'autre. J'avais l'impression d'entendre des camions dont le moteur tournait sans cesse près de nous. Comme le camion qui avait emmené mon père et mes oncles. Mais il n'y avait pas de camion, et quand je demandai à ma mère si elle les entendait, elle me répondit que ce n'était que mon cœur qui battait très fort. Et puis il y eut des bruits de pas dans l'escalier, de plus en plus sonores, des pas qui se rapprochaient et une conversation de plus en plus nette, que je ne comprenais pas, avec des intonations dures qui me terrorisaient.

La porte s'ouvrit brutalement et ils entrèrent dans ce petit grenier où l'on pouvait à peine tenir debout. Au travers du tapis je voyais les faisceaux des lampes qui balayaient la charpente et le sol, qui passaient sur nous et qui recommençaient.

Ils parlaient très fort et donnaient des coups de botte dans tout ce qui était à leur portée. Ils étaient tout près de nous. Je ne respirais plus. Je croyais mourir. Puis ils repartirent en retraversant la chambre où ma sœur continuait à dormir calmement.

On restait serrés l'un contre l'autre, bougeant à peine, à l'écoute du moindre bruit, attendant un signe de leur départ. J'entendais toujours les camions… et puis soudain à nouveau ces voix et ces pas qui martelaient les escaliers, et à nouveau leur présence, les faisceaux de lumière qui fouillaient les moindres recoins et les violents coups de bottes qui faisaient vibrer le plancher, les coups de bottes dans tout... jusqu'à ce qu'ils me touchent et que je crie.

Alors nous sommes sortis de notre cache. Ma mère a réveillé ma sœur, l'a prise dans ses bras, et nous sommes descendus tous les trois, les Allemands derrière nous.

Dans un français à peine compréhensible, ils signifièrent que ma sœur et moi allions être confiés à des voisins dont la maison était juste face à la nôtre.

Ma grand-mère prépara une valise où elle mit quelques-uns de nos vêtements, puis notre voisine, qui était aussi une amie de mes parents, fut prévenue et vint nous chercher. Nous nous sommes tous embrassés, et nous sommes partis avec elle dans l'obscurité, en nous tenant la main.

Au moment où nous nous quittions, une idée tout à coup s'imposa à ma mère : s'enfuir. Nous sachant en sécurité, elle pensait que c'était ainsi la seule façon de nous retrouver. Elle demanda son avis à mon grand-père qui ne sut la conseiller en raison du risque que cela représentait et, en dépit du danger, elle prit la décision de s'évader avant même de perdre sa liberté. Avec précipitation, elle se vêtit de deux robes mises l'une sur l'autre, dont l'une se trouvait par hasard finement rayée tricolore, bleu, blanc, rouge, et profita du va-et-vient qui avait eu lieu lors de notre départ pour s'éloigner lentement de la maison comme si elle en était étrangère.

Elle franchit le portail où curieusement aucun garde n'était posté, traversa la rue, et pénétra furtivement dans la maison où nous venions d'être emmenés. Les Juifs n'avaient plus le droit d'avoir de bicyclette, et les nôtres étaient cachées là. Elle prit la sienne, sortit devant le camion allemand toujours stationné, et très vite pédala dans la rue noire et déserte. Mais à peine eut-elle roulé quelques dizaines de mètres que la chaîne du vélo sauta, mettant tragiquement un terme à tout espoir de fuite.

Il y avait une petite maison tout à côté, dont l'entrée était un peu en retrait de la rue. Les gens qui l'habitaient nous connaissaient bien. Leur fils était plus grand que moi, mais nous jouions parfois ensemble. Sa mère était laveuse et venait à la maison. Elle faisait bouillir le linge dans un grand chaudron, le lavait, et allait le rincer au lavoir en poussant une petite charrette. Son père venait de temps en temps jardiner. C'était une chance d'être juste devant chez eux. Ma mère frappa à leur porte, dont la partie supérieure était vitrée. Ils se réveillèrent et, à leur grand étonnement, virent son regard derrière les rideaux. En quelques mots elle leur expliqua la situation, mais sans même ouvrir ils lui refusèrent toute aide et la chassèrent.

Alors elle cacha vite sa bicyclette, et se mit à courir. Elle s'engagea dans une petite rue et arriva haletante devant une autre maison, qui était celle du facteur. À nouveau elle frappa à la porte. À la fenêtre, la lumière s'alluma, quelqu'un vint ouvrir, vite la fit entrer, et la lumière s'éteignit.

Quand les Allemands s'aperçurent de sa disparition, ils se précipitèrent dans la maison où nous étions, et d'où elle venait de partir. Ils demandèrent où elle se cachait, et devant l'apparente incompréhension de tous, fouillèrent avec acharnement la maison de la cave au grenier.

Puis mes grands-parents et mon oncle, leur valise à la main, furent conduits par les gendarmes allemands jusqu'au camion.

Le portail fut fermé qui ne l'avait jamais été auparavant. Les scellés furent apposés, interdisant toute entrée, et la maison sombra dans la nuit et le silence des lieux désertés par la vie.

Cinq mois plus tard, un rapport de la brigade de gendarmerie locale adresse une note au préfet, relatif à *« l'État des logements juifs actuellement vacants »*, désignant notre maison, et précisant *« le Nom et l'adresse du juif »* concerné, sa *« date de départ »*, et *« le nom et l'adresse du détenteur des clés »*.

Dès le lendemain, des camions allemands arrivèrent. Les scellés levés, ils s'engagèrent dans l'allée, et en quelques heures la maison fut vidée et définitivement abandonnée. Quelques objets épars restèrent n'importe où dans le jardin.

Derrière les rideaux de la fenêtre d'en face, où nous étions, nous suivions tout ce qui se passait. On assistait, impuissants et bouleversés, à ce déménagement, véritable saccage de ce lieu où nous avions toujours vécu.

J'avais des larmes plein les yeux, et les gens chez qui nous étions ne voulaient pas que je regarde. Le roucoulement agaçant des tourterelles dans la cour, où poussait un grand tilleul aux mille petites fleurs odorantes, me semblait provenir d'un autre monde.

Pour des raisons d'ordre pratique, ma sœur

et moi avons été séparés. Je restais sur place, et elle partait à quelques kilomètres, dans une petite école dont l'institutrice, qui était une amie de mes parents, s'occupait d'elle.

Les jours et les semaines passaient. J'avais les cheveux frisés et longs, on me les coupa pour faire plus « grand garçon ».

Le 2 octobre, je rentrai à la grande école, avec mon étoile jaune cousue sur mon manteau.

Le mur de l'école était mitoyen avec celui de notre maison. De la cour, je voyais son toit et la terrasse du premier étage où nous dormions encore un mois avant, et d'où mes parents me faisaient parfois de grands signes à l'heure de la récréation.

Un jour, le maire du village, plus que jamais acharné à nous détruire, eut l'idée perverse de s'occuper de nous. Dans un but inavoué, et par un geste qu'il voulait faire croire humanitaire, il demanda là où il le fallait que nous puissions bénéficier d'une aide analogue à celle accordée aux familles des prisonniers, rappelant par la même occasion notre présence illicite aux autorités.

À celles-là mêmes, et peu de temps avant, le maire d'un petit bourg voisin avait justement posé une question concernant l'accueil des enfants juifs dans les familles françaises. Il lui avait été répondu en date du 24 août 1942 par le commandant de la région, le capitaine SS H. D. Ernst, responsable de toutes les mesures de répression antisémite : *« L'accueil d'enfants juifs dans des familles françaises est indésirable et ne sera autorisé en aucun cas. »*

À la suite de cette nouvelle dénonciation, mais celle-ci déguisée, les gendarmes français arrivèrent au petit matin du 9 octobre à la laiterie du village.

C'était un endroit que je connaissais bien. Pour aller dans la maison du directeur, qui faisait partie des rares et bons amis de mes parents, il fallait emprunter un chemin dont la garde était assurée par un grand chien-loup.

On disait qu'il avait un jour brisé ses liens, et s'était jeté sur des moutons pour les dévorer.

Quand on arrivait, il aboyait très fort et tirait sur sa chaîne, barrant le passage. Chaque fois, j'appréhendais avec effroi qu'il se détache. On attendait toujours la venue de ses maîtres pour faire un pas de plus. Devant la maison, il y avait un ruisseau avec des carpes et un petit pont très étroit et sans garde-fou qui l'enjambait pour aller dans les champs tout autour. On courait dessus, par crainte de tomber dans l'eau en allant plus lentement.

Dans cette laiterie, on faisait du beurre et des fromages. Il y avait des camions-citernes qui partaient le matin ramasser le lait dans les grands bidons placés sur le bord des routes, près des fermes. Ces bidons ressemblaient à la laitière avec laquelle nous allions chercher le lait à la fin de la journée. C'était comme des laitières de géants.

En cette période de restrictions, la laiterie restait approvisionnée en essence. Cet avantage fut la raison vraisemblable de l'arrivée des gendarmes en ce lieu, et de la réquisition de son directeur comme exécutant de leur propre mission. Ils lui imposèrent de nous conduire dans la journée même à la prison d'une ville située à une cinquantaine de kilomètres. Il était désemparé, mais fut obligé d'obéir aux ordres que lâchement les gendarmes lui donnaient. Ces derniers allèrent prévenir les personnes qui nous hébergeaient pour que nous soyons prêts au plus vite.

À nouveau ma sœur et moi nous nous retrouvions. Nous étions contents. Elle portait un manteau en lapin qu'on lui avait donné, et que je trouvais très beau. On nous dit que l'on partait pour se faire photographier. Peut-être était-ce une photo pour envoyer à notre mère ?

Dans la voiture qui roulait déjà, s'y trouvait aussi cette amie qui avait gardé ma sœur pendant ce séjour de plus d'un mois. Nous étions tous les quatre.

Ils nous parlaient de choses et d'autres, mais il y avait dans leurs voix et dans leurs regards, ou dans l'air, quelque chose d'indéfinissable qui m'inquiétait.

De l'autre côté de la vitre brillait encore un pâle soleil d'automne.

La veille de cette nouvelle rafle, datée du 8, un courrier interne du Lieutenant-Colonel Commandant de la Compagnie de Gendarmerie du département adressé au Colonel Commandant de la 9ᵉ Légion de Gendarmerie, fera le compte-rendu d'une réunion ayant été organisée le jour précédent par le « Kommandeur » des SS, et informera des modalités d'arrestation prévues :

« (...) À la suite d'instructions données par le Führer et le Maréchal Goering, il a été décidé que dans tous les territoires occupés d'Europe, tous les

juifs seront arrêtés, à l'exception de ceux de nationalité française... Les opérations d'arrestation seront effectuées par les forces de police française avec l'aide et sous le contrôle des SS...

La gendarmerie se chargera des arrestations...

Ces dispositions sont rigoureusement secrètes (souligné) et devront le rester jusqu'à mise à exécution, le vendredi 9 octobre à 7 heures du matin. Les SS ont actuellement trop d'occupation pour procéder eux-mêmes aux arrestations.

Il s'agit d'arrêter tous (souligné) les juifs étrangers (souligné) sans distinction d'âge, de sexe, d'état de santé. L'opération doit être menée sans pitié... »

Et comme prévu, ce jour dit, vendredi 9 octobre à 7 heures précises, un premier procès-verbal dont nous serons l'objet, sera dressé par les gendarmes de la brigade locale *« concernant l'arrestation des enfants M. âgés de 2 et*

6 ans, juifs, et recherches infructueuses de la mère » ainsi rédigé : « *Nous soussignés, gendarmes, revêtus de notre uniforme et conformément aux ordres de nos chefs, et agissant en vertu de la Note n° 32/4 de M. le Lieutenant Colonel Commandant la Compagnie du département, en exécution des prescriptions de M. S. des SS, à l'effet de procéder à l'arrestation de la femme M., née S., et de ses deux enfants, juifs étangers (bien que nous étions français) résidant dans la commune.* »

Ce premier acte officiel sera fait en présence du maire, lequel accompagnera ensuite les gendarmes chez les voisins qui nous hébergeaient, où un second procès-verbal sera dressé en ces termes : « … *Mme G. (à qui nous avions été confiés) a remis les enfants M., ainsi que les objets leur appartenant :*

1- Deux cartes d'alimentation n° 907 et 908 délivrées par la mairie le 30 octobre 1941.

2- Deux cartes de vêtements n° 1323 et 1324 délivrées le 12 août 1942.

3- Leurs effets personnels.

Nous avons déclaré à Mme G. que nous arrêtions ces enfants au nom de la Loi. »

Et quelques jours plus tard, le maire du village informera le préfet du département :

« J'ai l'honneur de porter à votre connaissance que les enfants M. ont été emmenés par les autorités d'occupation, le 9 octobre 1942. »

Dans la cour de la prison, il y avait un massif de salvias rouges, et dans la prison une grande salle grise avec un seau de toilette au milieu, et des femmes et des enfants assis sur le sol en ciment.

On nous regarda entrer. L'amie qui nous accompagnait se dirigea vers une femme entourée de ses enfants. Elle lui expliqua que nous étions seuls, et apprit que son mari, tailleur, avait été lui aussi arrêté par les Allemands au cours de la même rafle que mon père et mes oncles. Elle nous confia à cette femme, d'origine polonaise, qui nous prit désormais sous sa protection. Nous ne la quittions plus.

On resta peu de temps dans cette prison sinistre avant d'être transférés dans un séminaire, alors en partie réservé à cet usage.

C'était un grand bâtiment à deux étages, avec une cour fermée et une terrasse surélevée correspondant au rez-de-chaussée et à laquelle on accédait par des marches. On avait le droit de s'y promener deux fois par jour pendant une dizaine de minutes, sous la surveillance d'hommes armés. Aux heures des repas, quelqu'un poussait une petite remorque de vélo pleine de pain, et nous en prenions chacun un morceau, par la fenêtre. J'en prenais un pour ma sœur, et je choisissais toujours un croûton pour moi.

On restait enfermés à cinq ou six dans une petite cellule, sans doute les anciennes chambres des séminaristes, qui étaient d'ailleurs toujours présents, malgré les circonstances. De temps en temps, on les voyait jouer au ballon. On les enviait. Ils ne faisaient jamais attention à nous. Ils riaient. Entre eux et nous, agglutinés derrière la fenêtre à les suivre du regard, il y avait des sentinelles qui marchaient.

Pour aller aux cabinets, il fallait le demander. Quelqu'un venait ouvrir la porte fermée à clé, et nous y accompagnait.

Nous sommes restés plusieurs jours dans ce grand bâtiment triste et, au matin du 16 octobre, on nous a fait évacuer nos cellules, emporter nos quelques bagages, et on nous a conduits jusqu'à la gare.

Dans l'enfer sonore des trains en manœuvre et la fumée des machines à vapeur, on nous a fait monter dans un wagon de troisième classe avec des sièges en bois, et on a attendu longtemps le départ. Sur les quais, il y avait encore des hommes en uniforme et armés.

Nous partagions un compartiment avec les enfants et leur mère, qui s'occupait de nous depuis la prison, et un gendarme français. Quand déjà le bruit assourdissant et lancinant des roues sur les rails et la frise mouvante des fils télégraphiques longeant la voie commençaient à endormir notre inquiétude, le gros gendarme sortit une serviette de table de son sac, la déplia sur ses genoux, prit du pain, ouvrit une boîte de sardines à l'huile, et mangea devant nous qui le regardions avec envie.

Le train s'arrêtait souvent et repartait. Ça me faisait penser au train électrique que j'avais. Il avait une petite lampe sur la locomotive, et le soir, on éteignait les lumières, et on le faisait marcher, phare allumé dans l'obscurité. Je ne me fatiguais pas de le regarder.

J'étais très intrigué par des trains de marchandises que nous dépassions ou qui nous croisaient sans locomotive. C'était un peu comme des trains fantômes qui traversaient un mauvais rêve.

Enfin, après un voyage dont je n'ai plus le souvenir de la durée, nous nous sommes arrêtés dans une petite gare. Il y avait encore des gendarmes. On nous a fait tous descendre, puis monter dans un autobus, et nous sommes arrivés dans un grand espace clos et menaçant.

Le soir même du départ, l'opération est ainsi rapportée par le commissaire central au préfet du département : « *(…) Elles (les personnes en provenance du séminaire) ont été transportées à la gare pour être dirigées sur le Bourget-Drancy, par le train de 19 h 51.*

Trois wagons de voyageurs avaient été prévus pour ce convoi qui, escorté de 22 gendarmes français et 2 gendarmes allemands, a quitté (la gare) sans incident. »

Et dans son propre rapport transmis au gouvernement, le préfet précisera :

« *Je crois devoir attirer votre attention sur le fait qu'en exécution des ordres reçus du commandeur des SS, les arrestations ont été opérées uniquement par la police française et que le logement, la nourriture et la garde des internés ont été mis entièrement à notre charge jusqu'au jour du départ.*

Malgré les difficultés de toute sorte, j'ai pu néanmoins assurer l'exécution de ces instructions dans les meilleures conditions possibles, sans qu'aucun incident vienne à se produire. Une escorte de 22 gendarmes et gradés français a assuré le transfert jusqu'au camp de concentration de Drancy. »

Et il insistera sur la particularité de ce convoi :

« Ces internés (…) comprenaient 30 jeunes enfants, dont certains âgés de moins de 2 ans, 42 femmes et 43 hommes parmi lesquels une grande majorité de vieillards. »

Douze jours plus tard, le 28 octobre, en réponse au Secrétaire Général du Ministère de l'Intérieur, courrier ayant pour objet les enfants M. et référencé : lettre n° 613 c A.B-R.M. du 23-10-42, le Préfet Délégué du département écrira : *« Comme suite à votre lettre susvisée j'ai l'h, de vous faire connaître que les enfants M. ont été arrêtés le 9 octobre courant, sur ordre des SS et dirigés le 16 octobre sur le camp de Drancy. »*

Ce texte est la retranscription exacte du courrier original calligraphié, mais raturé et surchargé, et dont *l'honneur* a été réduit à *l'h*…

Sous les ordres des autorités allemandes représentées alors par le lieutenant SS H. Röthke, chef du service antijuif de la Gestapo, Drancy était un camp d'internement administré par la préfecture de police de Paris, sous commandement français.

C'était un grand bâtiment gris, inachevé, en forme de fer à cheval à angles droits, avec beaucoup d'entrées d'escaliers et de hautes fenêtres qui ressemblaient, les unes sous les autres, à des cheminées sombres montant tout au long des quatre étages.

Au milieu, il y avait un terrain noir avec de la poussière et des flaques d'eau quand il pleuvait. Tout autour, deux rangées de fil de fer barbelé formaient des barrières infranchissables entre lesquelles passaient des sentinelles.

Aux quatre coins, étaient plantés des miradors d'où les gendarmes, aussi appelés gardes mobiles, nous surveillaient. La nuit tombée, de puissants projecteurs pouvaient balayer la cour et les façades.

Quand nous sommes arrivés, j'ai le souvenir d'avoir attendu devant une longue baraque en bois avant que nous soyons fouillés. Il y avait beaucoup d'enfants. J'avais toujours peur de perdre ma petite sœur. Après, on nous a donné à boire quelque chose qui ressemblait à de l'eau chaude au goût de chocolat. Ça nous a fait du bien. Puis on nous a conduits chez le coiffeur. Je ne sais plus si c'était le premier jour. On a fait asseoir ma sœur sur une chaise dont le siège était surélevé, et le coiffeur a pris sa tondeuse et a commencé à lui raser les cheveux. Les mèches tombaient de chaque côté sur le sol où il y en avait déjà beaucoup d'autres. Après ce fut mon tour.

Beaucoup d'enfants pleuraient. Des femmes essayaient de les consoler. La plupart d'entre eux, comme nous, qui avions toutefois la chance d'être ensemble, n'avaient pas non plus leurs parents, et étaient seuls. Il en était ainsi de presque tous les enfants qui étaient internés, comme les quatre mille qui, en deux semaines, sur l'initiative du gouvernement français de Vichy, et en particulier de son président Pierre Laval, étaient arrivés avant nous, arrachés à leurs parents, simplement parce qu'ils étaient juifs.

On occupait à un étage un des grands locaux informes, réservé aux femmes et aux enfants, et qui devait correspondre à une construction non encore cloisonnée. Nous étions très nombreux. Le sol en ciment était bosselé. Des fenêtres sales on voyait de très hautes tours qui nous dominaient, où habitaient les gardes mobiles.

Ça sentait mauvais. On était les uns sur les autres. Tout le temps des enfants pleuraient, et parfois aussi des adultes.

Un matin, des médecins sont venus nous faire une piqûre sous la peau du ventre, après l'avoir badigeonnée de rouge.

La nuit, dans la lueur bleutée d'une unique veilleuse, couchés à même le sol, sur de la paille qui provenait de vieux matelas souillés et éventrés, on se serrait l'un contre l'autre pour se réchauffer. On était souvent réveillés par des cris d'enfants terrorisés sous l'emprise de leurs cauchemars, comme l'était aussi ma sœur.

On mangeait surtout de la soupe aux choux avec du pain, qui était apportée dans de grandes bassines, et que nous essayions de boire dans de vieilles boîtes de conserve récupérées. Un gendarme me donnait parfois, en cachette, un peu de pain en plus, rien qu'à moi. Nous le partagions, ma sœur et moi. Une fois, il m'apporta même un petit journal illustré que je gardai précieusement, et que je regardais sans cesse.

Bien des années plus tard, j'appris qu'une personne s'était présentée plusieurs fois à l'entrée du camp pour nous faire remettre des colis de vivres. Son étonnement fut grand de constater que le camp était sous la garde de Français, et non d'Allemands comme elle s'y attendait. Elle vint trois fois au cours de notre internement, et eut la possibilité de nous voir une fois, vision pénible dont sa mémoire et celle de sa fille, à peine plus âgée que moi, et qui l'accompagnait, ont gardé le souvenir de la tristesse de nos regards et de notre état de dénutrition et de misère.

Elle nous avait apporté un pot de confiture qu'elle avait faite, et demanda à l'un des gardes de nous le donner. Il refusa et, devant elles stupéfaites, l'ouvrit et goulûment la goûta avec ses doigts, les menaçant de les faire nous rejoindre si elles voyaient une objection à cet état de fait. Ni le pot de confiture, ni aucun des colis ne nous parvint jamais.

On avait toujours faim et fréquemment mal au ventre. Il y avait sur le palier un seau hygiénique qui souvent débordait et répandait une odeur nauséabonde, mais les petits enfants n'avaient pas le temps d'y aller. Le jour, pour se soulager, on pouvait aller dans un long pavillon en briques qu'on appelait «le château rouge ». Il y avait une planche sur toute la longueur avec plein de trous dedans, sur lesquels on s'asseyait, et tout le monde se voyait.

Pour se laver, un seul robinet sur un évier en forme d'auge ouvrait plusieurs orifices d'où l'eau sortait en petits jets, et éclaboussait le sol en permanence mouillé.

Je faisais tout ce que je pouvais pour remplacer mes parents auprès de ma petite sœur. Je l'aidais à manger, j'essayais de la laver, de faire tenir ses vêtements, de la défendre, de la protéger de mon mieux dans cet univers hostile.

Cette femme que nous avions connue à la prison était toujours là, et s'occupait de nous ainsi que de ses propres enfants, et aussi, avec d'autres femmes, de tous les nombreux petits enfants seuls et désespérés. Parmi ces femmes, il y avait une jeune fille qui chantait souvent une chanson nostalgique dont le titre était : « La rue de notre amour ». Je me souviens de certaines paroles comme : « les amoureux, dans les coins noirs… » J'aimais qu'elle chante, mais en même temps ça me rendait triste. Cette chanson et l'odeur de désinfectant qui régnait dans le camp se sont incrustées à tout jamais dans ma mémoire.

Pendant la journée, on restait dans la cour. On entendait parler d'autres langues que la nôtre. Il s'était formé, comme dans toutes les collectivités d'enfants, des petits groupes, par affinité. Nous faisions partie de l'un d'eux. Parfois on traversait la grande aile du bâtiment, parallèle à celle où nous étions, et on allait dans une autre cour plus petite où l'on avait le droit de jouer, mais on regardait surtout les plus grands le faire. Un après-midi, des Allemands sont venus nous photographier.

On parlait souvent d'un endroit où nous irions peut-être après Drancy, qui s'appelait Pitchipoï. Peut-être y retrouverions-nous nos parents ? C'était un lieu mystérieux où certains étaient déjà partis, mais dont personne ne semblait avoir de nouvelles. C'était à la fois la promesse de la liberté et l'angoisse de l'inconnu. Pitchipoï revenait souvent dans la conversation. On était toujours un peu en partance pour Pitchipoï.

De temps en temps, dans la grande cour, on assistait au suicide de personnes qui se jetaient du quatrième étage sur l'avancée en béton surplombant le rez-de-chaussée. On venait tout de suite les prendre sur une civière. On s'habituait à assister à de tels spectacles.

Un jour, dans la cour, par ce qui nous a semblé le plus grand des hasards, on a rencontré notre oncle, celui qui était resté à la maison jusqu'à notre départ, et était parti avec mes grands-parents. Ce fut un moment de joie et d'émotion intenses. On se retrouvait un peu en famille, presque comme avant. On avait ainsi vécu des jours et des nuits tout près, sans soupçonner notre présence mutuelle. Il fut très affecté par notre état physique, et nous emmena dans des bureaux pour essayer de nous faire transférer dans d'autres locaux, ceux où nous vivions semblant ne pas être destinés aux Français que nous étions, mais essentiellement aux Polonais. Lui, qui bénéficiait du statut réservé aux Français, avait une chambre qu'il partageait avec quelques autres, moins sale, avec de vrais lits superposés, une petite table et des tabourets. Il était censé y rester jusqu'à la fin de la guerre.

On se rencontrait tous les jours. J'attendais avec impatience ce moment privilégié. Il fit beaucoup de démarches pour essayer de nous soustraire à notre condition si dure d'internement.

Une fois, alors que nous étions tous les trois dans la chambre qu'il occupait, il mit dans mes poches de petits papiers où était inscrite une adresse. Il me recommanda de les garder sur moi précieusement. C'était l'adresse de sa tante et de son oncle, qui vivaient à Paris, et que je connaissais bien. Ça m'a fait penser à l'histoire du Petit Poucet.

Puis un jour, environ un mois après notre arrivée, des gendarmes sont une fois encore venus nous chercher. On les a suivis avec chacun notre petit baluchon, sans même pouvoir prévenir notre oncle. Peut-être était-ce déjà le départ pour Pitchipoï ?

Je sus, bien des années après, que la semaine précédant notre départ, trois convois de mille personnes y étaient parvenus, emmenant aussi des enfants, qui depuis trois mois faisaient partie de ces voyages.

Ce fut en effet le 14 août 1942 qu'une note urgente et secrète, adressée par le lieutenant SS Röthke à l'attention, entre autres, du SS lieutenant-colonel Eichmann de l'état-major de l'Office central de la sécurité du Reich à Berlin, annonçait que *« ce jour, à 8 h 55, le convoi n° 901/14 a quitté la gare du Bourget-Drancy avec mille Juifs en tout, dont pour la première fois des enfants »*.

Mais les gendarmes ne nous conduisirent pas à la gare. Pitchipoï n'était pas notre destination, mais Paris, à quelques kilomètres seulement des fils de fer barbelés du camp.

Au 16, rue Lamarck, à Montmartre, se trouvait un asile d'enfants de l'U.G.I.F. L'Union générale des Israélites de France était une organisation officiellement chargée de représenter les Juifs auprès des pouvoirs publics. Elle dépendait du commissariat général aux questions juives, sous contrôle de la Gestapo – commissariat dont le directeur de la section d'enquête et de contrôle avait, quelques mois auparavant, adressé au directeur régional dont nous relevions, la circulaire suivante : *« J'ai l'avantage de vous transmettre le premier cours d'ethnologie juive, fait aux inspecteurs de la "zone Paris", en vous priant de bien vouloir la communiquer à votre personnel en prévision d'interrogation ultérieure »*, cours comportant la définition de la race et enseignant les moyens de *« détection du juif »*...

Dans ce refuge, on nous inscrivit le 9 novembre 1942 sous les matricules 26.8119 et 26.8127.

Cette maison d'accueil fut comme un bateau qui nous aurait recueillis en plein naufrage. Nous étions physiquement et moralement très éprouvés, et les souvenirs qui me sont restés de cette période se rapportent plus à notre repos qu'à nos activités. Nous étions dans un grand dortoir où il y avait beaucoup d'enfants. On dormait dans un vrai lit dont le confort, au début, nous empêchait de trouver le sommeil. Nos lits étaient côte à côte. Le mien était près de la porte d'où, la nuit, filtrait une lumière rassurante qui nous permettait de nous voir et m'assurait, dans la pénombre, de la réalité de notre situation. J'étais très content d'avoir cette place.

Il y avait toujours des enfants qui s'agitaient et criaient. Ma sœur était encore de ceux-là, et l'espace si réduit qui nous séparait me donnait la possibilité de la faire sortir doucement de ses cauchemars, sans me lever.

On mangeait beaucoup mieux, assis à une table, dans de vraies assiettes, avec de vrais couverts.

Le plus souvent, après un séjour de durée variable, les gendarmes revenaient chercher les enfants. Grâce aux petits papiers que mon oncle avait mis dans mes poches avant notre sortie du camp, quelqu'un, à ses risques et périls, avertit notre famille dont le nom et l'adresse étaient notés.

Ils vinrent au plus tôt nous chercher, accompagnés, pour mieux nous reconnaître, par une cousine qui nous avait vus plus récemment qu'eux. Par une chance exceptionnelle, restés à Paris, ils étaient, malgré leur étoile et leur accent étranger, passés au travers des mailles serrées de la Gestapo.

Nous avions beaucoup maigri, nous avions les cheveux rasés et des regards qui n'étaient plus les mêmes. Et pourtant, ils me reconnurent facilement. Mais ma sœur, qui était dans un état d'affaiblissement extrême et ne pouvait plus marcher, les pieds et les jambes œdématiés et le visage, comme le mien, couvert d'impétigo, n'était plus identifiable par eux, qui l'avaient connue toute petite, toute ronde et souriante.

Ils me demandèrent si j'étais certain que c'était elle, si je ne me trompais pas, si je ne faisais pas de confusion avec une autre petite fille. Autant de questions répétées qui me troublaient par leur inquiétante absurdité. Comment pouvais-je douter de son identité, alors que nous étions l'ombre l'un de l'autre ?

Nous avons quitté l'U.G.I.F. à pied, ma sœur portée dans les bras. Nous avons marché lentement, et la basilique du Sacré-Cœur est apparue, toute blanche.

De l'esplanade, on voyait tout Paris. Je n'avais pas vu tant d'espace depuis longtemps. J'étais comme étourdi. Il n'y avait plus de murs, plus de gendarmes, plus de cris. Pour descendre, nous avons pris le funiculaire. Nous étions seuls. Cette cabine qui glissait lentement sur une crémaillère en rétrécissant petit à petit notre horizon me donnait l'impression d'être un gros jouet. Puis on est arrivés au domicile de notre famille, dans un petit appartement un peu sombre, dont l'odeur me rappelait des souvenirs. Nous y sommes restés de longs jours sans sortir. Un médecin ami venait souvent nous voir et nous soigner, en particulier ma sœur qui ne s'est remise à marcher que progressivement, en même temps que réapparaissait son langage perdu.

J'étais très grossier et agressif. On ne me reconnaissait plus. Je disais des gros mots qui effrayaient tout le monde. Le petit enfant calme et poli que j'étais avait disparu dans le camp, par la force des choses, pour être remplacé par ce nouveau petit garçon qui n'en était plus vraiment un.

Tous les soirs, il y avait des voitures grises de la police qui passaient dans la rue, comme des animaux carnassiers et sournois, à la recherche de leur proie. On les regardait, cachés derrière les rideaux. On avait toujours peur qu'elles ne s'arrêtent.

Pour éviter le risque d'être repris, on nous faisait parfois changer d'adresse, en nous confiant à des connaissances sûres.

Après quelques semaines, dès que l'état de santé de ma sœur le permit, et pour nous éloigner du danger qui nous guettait en permanence, quelqu'un est venu nous chercher. C'était une jeune fille que nous connaissions bien, et dont la grand-mère habitait le même village que celui où nous vivions.

Un matin, nous avons pris le train, tous les trois, appréhendant à tout instant d'être découverts et ramenés au camp. Au cas où nos cheveux rasés provoqueraient des réflexions, il fallait répondre que nous avions eu des poux.

Après quelques heures de voyage, nous sommes arrivés à la gare où l'on nous attendait. Il y avait des soldats allemands sur le quai.

On se tenait par la main, en la serrant fort pour se rassurer.

On a repris ensuite une vie presque normale, sortant peu, sans aller à l'école, avec toujours cette crainte d'être repris et que tout ne recommence.

Un soir, un gendarme allemand est venu frapper violemment à la porte. Nous avions la certitude d'avoir été retrouvés. On ouvrit. Il fit brutalement irruption, et intima l'ordre de fermer les volets encore ouverts malgré l'heure du couvre-feu… puis repartit. Alors on se mit à pleurer.

On m'apprit, des années après, que dans ce petit appartement étaient cachés de faux tampons officiels utilisés par des membres de la Résistance pour la falsification de papiers d'identité, pesants détails augmentant encore la tension extrême de notre entourage. Les jours et les nuits, souvent hantées par de mauvais rêves, se succédaient.

Un jour, on nous a accompagnés chez un

photographe. J'y allai avec un vague pressentiment, me souvenant que c'était aussi la raison que l'on nous avait donnée pour nous conduire à la prison. Mais tout se passa bien. C'était un portrait de nous deux, visage contre visage ; j'avais ma main droite sur l'épaule de ma sœur et la gauche contre sa joue. Nos cheveux commençaient à repousser.

Et ce fut bientôt Noël. On me dit que le Père Noël n'existait pas. J'aurais voulu qu'on ne me le dise jamais, ou beaucoup plus tard, mais pas maintenant. J'ai quand même eu un harmonica.

Notre mère n'était toujours pas là, mais de l'autre côté de «la ligne de démarcation», qui séparait alors la France en deux zones, celle occupée par les Allemands et l'autre.

Les jours passèrent, puis vint le temps du mimosa.

Déjà plusieurs mois s'étaient écoulés depuis notre arrestation. De ce qui avait été avant, tout me paraissait lointain et comme un rêve...

Quelques heures après que ma mère eut été courageusement hébergée par des habitants du village, le jour se leva. Le facteur chez qui elle était profita de la distribution du courrier pour s'assurer de notre présence là où elle nous avait quittés. Cette confirmation rassurante la décida à poursuivre la réalisation de son projet pour nous reprendre ensuite avec elle.

Elle fit récupérer sa bicyclette abandonnée quelques heures plus tôt, et attendit la tombée de la nuit pour repartir sur la route. Elle arriva dans un petit bourg proche du nôtre, où elle retrouva cette amie qui, plus tard, nous accompagnera à la prison. Par son intermédiaire, elle eut l'adresse d'une personne susceptible de l'aider, et vivant dans une ville, à quelques dizaines de kilomètres.

En attendant le lendemain, elle passa la nuit chez une voisine, dont la petite maison était adossée à l'église. Elle monta les marches d'un vieil escalier étroit, et se trouva dans une chambre exiguë et toute blanche, avec un grand lit et sur une table une bougie allumée qui projetait au plafond l'ombre immense d'un crucifix accroché au mur. Elle essaya de dormir.

Le matin, accompagnée par la jeune fille qui viendra nous chercher à Paris, à la sortie du camp, et partagera par la suite notre vie clandestine, elle partit à vélo jusqu'à une petite gare peu éloignée. Les bicyclettes furent enregistrées comme bagages. Dans le wagon, elle reconnut quelqu'un et, avec angoisse, évita son regard. Quelques heures plus tard, elles arrivèrent à l'adresse indiquée. Elles sonnèrent à la porte, mais la porte resta close, comme celle d'un lieu inhabité. Dans cette attente vaine, leur inquiétude, chaque seconde, devenait plus intense, et l'espoir de plus en plus incertain fit rapidement place à la certitude de l'abandon.

On sut plus tard que les occupants de ce banal petit pavillon venaient alors d'être arrêtés par les Allemands.

Ma mère n'avait aucune autre adresse où aller dans cette ville, qui devenait soudain hostile et dangereuse. Devant une telle situation imprévue, demandant une décision immédiate, fut prise celle de se réfugier ailleurs, dans la famille de sa compagne de fuite. Elles reprirent leurs vélos, et y arrivèrent avant la nuit.

Ils habitaient une maison isolée dans les bois, au milieu d'une cressonnière où coulaient de petits ruisseaux, et dont l'exploitation était leur seul moyen de vivre.

Curieusement, quand elles en franchirent le seuil, des inconnus parlaient de ma mère et de notre arrestation récente. Elle écouta passivement, sans se faire connaître, et apprit ainsi que déjà des rumeurs circulaient, la concernant. Certains affirmaient qu'elle avait été recueillie par des religieuses dans un couvent, bien qu'il n'en existât aucun dans la région ; d'autres, qu'elle avait été retrouvée morte dans la forêt, tuée sans doute par quelque bête sauvage !

Elle vécut là, à l'abri, dans ce havre de silence, cependant proche d'une base militaire allemande, dont la proximité rendait hasardeuse toute velléité de sortie. Elle était dans un état de tristesse et d'abattement extrêmes, obsédée par notre séparation et par l'idée d'aller retrouver ses parents et son frère, qu'elle avait su temporairement internés dans un camp de transit peu éloigné. Tout le monde l'en dissuada avec fermeté.

Elle séjourna une dizaine de jours chez ces gens chaleureux, dévoués et courageux, comme l'étaient tous ceux qui résistaient à l'occupant. Ils partagèrent les risques constants qu'elle encourait, jusqu'à ce qu'elle obtienne une fausse carte d'identité, délivrée par un imprimeur faisant partie du même réseau de Résistance que son hôte, et le nom de quelqu'un pouvant l'aider à franchir la ligne de démarcation. De l'autre côté de cette ligne, il y avait un village où habitait un de ses oncles, médecin, installé depuis longtemps dans cette campagne.

Le 19 septembre, quand tout fut prêt pour son départ, elle quitta la petite maison de la cressonnière. Son propriétaire, qui possédait en raison de ses activités professionnelles un laissez-passer l'autorisant à circuler, l'emmena de nuit dans une ferme, peu distante de cette frontière artificielle si dangereusement franchissable, où elle rencontra un homme jeune qui l'attendait pour la guider.

Ensemble ils marchèrent à l'écart des routes, et arrivèrent à proximité d'un champ de maïs dont la hauteur dépassait leur taille.

Ses limites se perdaient dans l'obscurité. Au loin, on entendait aboyer les chiens qui accompagnaient les patrouilles allemandes. Le passeur lui indiqua la direction à prendre, et lui expliqua où elle devait aller. À un moment donné, il lui fit signe de partir.

Un clair de lune que des nuages éclipsaient par moments dessinait des ombres mouvantes et fantasmagoriques ressemblant à des silhouettes ennemies. La traversée, seule, de ce champ lui parut interminable. Elle crut s'être perdue. Les chiens qui aboyaient semblaient se rapprocher. Enfin elle sortit de cette forêt de maïs.

Elle était en zone libre. Tout risque de rencontrer un Allemand avait soudainement disparu. Sa respiration devint plus facile, et l'angoisse qui l'étreignait progressivement desserra son étau.

Alors elle alla, comme convenu, frapper à la porte d'une maison isolée, perdue dans les champs et signalée par une faible lumière. C'était une petite ferme pauvre et délabrée.

Derrière la porte à laquelle elle frappa, une voix de femme lui répondit de passer son chemin. Ma mère, stupéfaite, à bout de forces, essaya de la convaincre de la garder seulement quelques heures. La femme lui expliqua que son mari avait été arrêté la veille, et qu'elle ne voulait plus participer désormais à de telles activités. Ma mère la supplia... elle accepta enfin d'ouvrir la porte. La pièce était misérable, sans table ni lit. La femme lui montra une chaise, mais ne lui offrit ni à manger, ni à boire, lui précisant qu'il lui faudrait partir dès le lever du jour, puis, la laissant sur sa chaise, alla se coucher.

Au petit matin, elle lui indiqua la route à suivre pour arriver au gros bourg d'où elle pourrait prendre un car pour se rendre chez son oncle. Ma mère marcha toute la matinée, et arriva après midi dans le village.

Pour se reposer et apaiser sa faim et sa soif, elle entra dans le café, qui était aussi l'arrêt du car. Assise devant elle, il y avait une petite fille qui buvait une limonade près de sa mère, et dont la robe était la même qu'une de celles qu'elle avait tricotées à ma sœur. Chaque souvenir était une douleur. Elle était étrangère à cette localité, sans bagage, et paraissait suspecte.

On lui posa des questions auxquelles elle répondit, mais peu avant l'heure du départ, des gendarmes, sans doute prévenus, arrivèrent et lui demandèrent ses papiers. Elle était exténuée et ne pouvait imaginer, après l'épreuve qu'elle venait de subir, être ainsi interrogée par des Français. À la vue de sa carte d'identité, ils lui spécifièrent qu'elle était fausse, et l'astreignirent à les suivre, comme un malfaiteur, jusqu'à la gendarmerie.

Là, devant tant d'acharnement du sort, d'incompréhension, d'agressivité, d'interrogations et de fatigue, elle s'effondra en pleurs, et raconta toute l'histoire qu'elle venait de vivre.

Le récit de ces événements sembla rendre ses interlocuteurs plus compréhensifs. Il était déjà tard. Ils la raccompagnèrent. Elle dormit dans ce petit hôtel triste où elle était arrivée quelques heures plus tôt.

À six heures le lendemain matin, il faisait encore nuit. Elle monta dans l'autocar à destination du petit village qui était le but de son voyage. Les gendarmes étaient là pour assister à son départ, deux autres l'attendaient à l'arrivée, et l'escortèrent jusqu'au domicile de son oncle.

Elle y resta plusieurs mois, partageant son hospitalité avec quelques membres de la famille et quelques relations proches dans des conditions semblables. Elle vivait dans l'angoisse des événements, et en même temps dans l'espoir de nous retrouver.

Sur des cartes postales « interzones » affranchies à l'effigie du maréchal Pétain, une correspondance s'était établie avec les amis de la zone occupée, au travers de laquelle, parfois à demi-mot, les nouvelles circulaient. La première carte qu'elle écrivit, le 23 septembre 1942, fut adressée à celle dont la famille avait permis son passage en zone libre :

« Me voilà chez moi, mais mes inquiétudes continuent comme par le passé, tout me paraît lointain, difficile. Écris-moi, ne me cache rien, tiens-moi toujours au courant. Vois-tu les enfants ? Que disent-ils ? Que font-ils ? Où sont-ils ? Si tu savais comme je voudrais les voir ! Il y a un an, c'était l'anniversaire de L., nous étions ensemble. Aujourd'hui nous sommes tous séparés et c'est horrible à dire et à penser.

Je t'embrasse bien fort.

Embrasse les petits beaucoup, beaucoup. »

Au cours de ces premières semaines, elle apprit incidemment qu'un bateau allait prochainement partir pour l'Amérique pour y emmener des enfants juifs, et les soustraire aux risques encore imprécis mais réels qui pesaient sur eux. Elle s'adressa à la Croix-Rouge pour demander que nous fassions partie de ce voyage.

À la suite de cette démarche, quelqu'un se présenta chez les personnes à qui nous avions été confiés, mais déjà nous n'y étions plus.

Cette décision humanitaire prise en septembre 1942 fut rapportée au président Laval par le chargé d'affaires américain, qui lui fit savoir que son pays était prêt à accueillir cinq mille enfants juifs. Mais tous les arguments, plus pernicieux les uns que les autres, furent au fil des jours avancés par Laval et Bousquet, secrétaire général à la Police, pour que ces départs soient retardés et n'aient en fait jamais lieu.

Plus tard, ma mère apprit par une lettre d'une personne qu'elle connaissait bien, puis d'une source sûre émanant d'un réseau de Résistance, que nous étions à Drancy, où elle savait déjà que son frère se trouvait.

Pour essayer de dissiper momentanément l'état d'intense anxiété dans lequel elle vivait, elle décida un jour d'aller voir une amie d'enfance qui habitait dans la région. Elle prit le train, et partagea un compartiment avec deux femmes qui parlaient entre elles. Au cours de la conversation, l'une dit à l'autre :

« Vous savez, il paraît que maintenant on emmène les enfants juifs, et qu'on les brûle… »
Elle reçut cette information comme un coup de poignard. Elle essaya d'apaiser son angoisse par la raison, en éludant cette éventualité invraisemblable, mais le doute s'imposa soudain en même temps qu'une sensation de panique la saisit.

Dès le lendemain matin, son hôte partit pour Vichy, ville proche, siège du gouvernement, pour obtenir des renseignements. À son retour, il confirma officiellement le lieu de notre internement.

Le 11 novembre 1942, les Allemands envahirent la zone Sud. La zone libre n'existait plus. Le climat devint plus tendu, les risques considérablement accrus.

Les mois passèrent.

Ce fut l'hiver, les jours froids et les longues nuits.

En janvier 1943, ma mère, qu'avait été chercher sa fidèle alliée des jours difficiles, put enfin venir nous retrouver. Pour éviter tout contrôle, elles passèrent à vélo en un lieu convenu, et à une heure précise.

Quelques jours plus tard, son oncle, prévenu par les gendarmes d'une arrestation imminente, eut juste le temps de s'enfuir, et vécut avec sa femme neuf mois, cachés dans un cellier sombre et humide.

Ma mère fut à nouveau près de nous. Il y avait plusieurs mois que nous nous étions quittés. Quand elle réapparut, on alla se blottir contre elle. Elle nous serrait très fort et pleurait. On ne parlait pas. Ma sœur lui dit tout simplement: «Tu en as un beau turban...» comme si rien ne s'était passé pendant cette longue séparation que ses cauchemars ne cessaient pourtant encore de rappeler. Je me souviens qu'il y avait alors du mimosa chez les fleuristes, et que ça sentait bon.

Nous habitions désormais tous les trois dans un petit pavillon, hébergés par cette même famille qui avait accueilli et aidé ma mère.

Nous y sommes entrés de nuit, et nous y sommes restés quelques semaines comme au secret.

Devant la fenêtre de la rue, un paravent avait été placé pour que même nos ombres ne puissent être entrevues. Aucun soupçon ne devait éveiller les voisins quant à notre présence.

En l'absence de notre hôtesse ou de son fils, la lumière n'était jamais allumée. Nous devions remuer le moins possible, éviter le bruit, les cris, les pleurs ou les rires. Nous parlions tout bas, ce qui était devenu une habitude. Nous n'habitions pas vraiment cette petite maison, mais nous la hantions comme des fantômes. Il y avait un jardin où nous ne devions pas aller de peur d'être vus ou entendus.

On restait tout le temps dans la cuisine, pièce isolée, où ma mère nous faisait faire beaucoup de dessins et nous racontait des histoires.

Dans la rue, on entendait de temps en temps des bruits cadencés de bottes sur le trottoir. C'était le passage des patrouilles allemandes. J'appréhendais toujours l'arrêt soudain de ces pas qui me faisaient penser à ceux qui m'avaient terrorisé la nuit de notre arrestation.

Pour contourner la réglementation relative à l'approvisionnement auquel nous n'avions pas droit, en raison de notre situation irrégulière, celui qui avait déjà fourni à ma mère sa fausse carte d'identité nous procura de fausses cartes d'alimentation. La nuit, on nous apportait aussi des produits de la campagne, des légumes, des œufs ou de la viande, et du bois pour la cuisine et le chauffage.

Souvent les hurlements nocturnes des sirènes nous réveillaient en sursaut, précédant parfois des bombardements qui nous effrayaient, et dont les objectifs étaient une importante gare de triage et un dépôt de munitions.

Pendant ce séjour, j'ai été malade. Je suis devenu tout jaune, des pieds à la tête, avec le blanc des yeux également coloré. Un médecin au courant de notre situation particulière est venu.

Avec ce fréquent sentiment de culpabilité qu'ont les enfants atteints par la maladie, je suppliais de ne pas retourner au camp. Lorsque j'avais conscience de ne pas avoir été sage ou d'avoir été désobéissant, j'adressais aussi à mon entourage la même supplication, en y associant toujours ma sœur : « Nous ne voulons plus retourner au camp, jamais plus... nous ne recommencerons pas... » Mais les souvenirs qui lui étaient attachés s'imposaient souvent. Je parlais de mon oncle et des petits papiers qu'il avait mis dans mes poches. Je répétais que là-bas, ma petite sœur avait eu froid, très froid, et que je la recouvrais avec mes vêtements. Je guéris de ma jaunisse.

Dans l'attente de notre prochain départ vers une nouvelle destination, et pour nous préparer à nos nouveaux rôles, on nous apprit des prières. Je récitais : « Je vous salue Marie pleine de grâce... » mais je trouvais beaucoup plus drôle de dire : « Je vous salue Marie pleine de graisse... et de beurre... » Cette parodie de la prière nous faisait rire, et ma mère aimait beaucoup nous entendre rire, même s'il fallait le faire le moins fort possible, en nous mettant la main devant la bouche.

Le temps passait. L'hiver s'achevait mais la nuit semblait ne jamais finir, quand une lueur d'espoir, inattendue et réconfortante, perça soudain l'obscurité. Ma mère fut informée qu'une carte postale de l'un de mes oncles était arrivée, adressée à un ami, celui-là même qui nous avait conduits, ma sœur et moi, six mois auparavant, au départ de notre voyage forcé. Sur cette carte datée du 4 avril 1943, rédigée au crayon en langue allemande, il écrivait : *« Mon cher ami, je t'écris du camp de travail où je me trouve, je suis en bonne santé et bien portant. Le travail n'est pas dur et la nourriture est bonne, tout à fait suffisante et bien préparée. Comment vas-tu ? Es-tu toi aussi en bonne santé ? Je t'adresse toutes mes amitiés… »*

La carte portait trois timbres représentant le profil d'Hitler, surchargés d'un cachet postal indiquant que l'envoi avait été fait de Berlin le 28 avril 1943. Deux autres tampons étaient apposés, l'un circulaire à l'encre rouge représentait une croix gammée surmontée d'un aigle, émanant du service de la censure du commandement supérieur de l'armée, l'autre notifiant en lettres violettes : *« RÉPONSE EXCLUSIVEMENT par l'intermédiaire de l'Union du Reich des Juifs en Allemagne. Berlin-charlottenburg 2, Kantstr. 188 »*. L'adresse de l'expéditeur était Birkenau, Haute-silésie, Allemagne.

Birkenau, que ma mère nous traduisit

approximativement par un «endroit où poussent des bouleaux», Birkenau, joli nom dont la résonance bucolique semblait en faire un lieu de séjour rassurant.

Par la suite, plus jamais aucune nouvelle ne nous fut transmise, et la lueur progressivement s'éteignit comme une lointaine étoile qui meurt.

Au printemps 1943, nous avons quitté la ville pour nous réfugier dans un petit village, le long d'une rivière. Dans les champs et au bord des chemins il y avait partout des coquelicots.

Par hasard, cette localité se situait dans le même département et à quelque soixante-dix kilomètres de celle où nous vivions avant. Le risque de rencontrer quelqu'un pouvant nous reconnaître et nous dénoncer n'était pas négligeable, mais la possibilité de s'y installer était en fait une chance qu'aucun argument ne pouvait faire refuser.

Nous étions toujours accompagnés par cette jeune fille dont l'aide nous a été si précieuse. Elle devait repartir, mais elle resta pour éviter d'éventuelles représailles que l'attitude de son père pouvait faire craindre. Celui-ci en effet, astreint au Service du travail obligatoire en Allemagne et alors en permission, refusait d'y retourner pour participer à l'effort de guerre allemand.

Nous avons été reçus par son oncle et sa tante, qui tenaient une épicerie, puis, grâce à eux, hébergés par les instituteurs de l'école privée catholique.

Du jour au lendemain, en même temps que de lieu nous avons changé d'identité. Nous avons emprunté à la fiction d'autres origines, un autre passé, et même une autre religion. Celle-ci fut attestée par un simulacre de baptême auquel le curé du village, qui était un des très rares au courant de la vérité, s'était obligeamment prêté.

Cette vérité était un secret entre nous. À aucun moment, malgré notre jeune âge, malgré les questions et situations imprévisibles, nous n'avons failli à cette règle de discrétion que nous savions être vitale. Nous étions censés venir d'une région sinistrée, et notre père était, comme tant d'autres, prisonnier en Allemagne.

Nous habitions dans une grande pièce attenante à une petite cuisine, au second étage de l'école, au bout d'un dortoir désaffecté qu'il fallait traverser.

Pour aller en classe, il nous suffisait de descendre les escaliers. Comme autrefois à la maison, ma mère nous voyait jouer dans la cour. Un jour, en nous regardant, elle vit un officier allemand montrer du doigt la fenêtre derrière laquelle elle se trouvait. En un instant elle crut comprendre la signification de ce geste. Toute tentative de fuite était impossible, le piège se refermait… mais rien ne se passa. Ce qui intéressait cet officier n'était que le clocher du village, dans lequel étaient installées les sirènes d'alerte, et vers lequel il pointait son index.

Il en était ainsi en permanence. Nous vivions dans une sécurité instable, où le moindre événement imprévu pouvait faire basculer notre existence, et donner lieu aux interprétations les plus alarmantes.

Un après-midi, à la sortie de l'école, alors

que j'allais, avec les tickets d'alimentation, acheter un paquet de bananes sèches et quelques bâtons de chocolat, qui n'en avaient presque que le nom, mais étaient fourrés de bonne crème sucrée blanche ou rose, je rencontrai un soldat allemand qui me prit dans ses bras. Je crus qu'il savait qui j'étais, et sentis la panique m'envahir. Surpris par ma peur, il me reposa à terre. Une autre fois, en me promenant au bord de la rivière, j'eus l'impression de tomber dans le filet tendu d'un détachement de SS stationnés dans un champ. Ils étaient en uniforme noir, et sur leur voiture flottait un fanion sur lequel était représentée une tête de mort. J'étais désemparé. J'avais envie de m'enfuir, mais je savais qu'il ne le fallait pas. C'était comme si je m'étais soudain trouvé devant une bête féroce, sachant qu'au moindre geste de ma part elle bondirait sur moi. En souriant ils me dirent quelques mots que je ne compris pas. J'essayai de sourire aussi, et je continuai mon chemin jusqu'à notre habitation où je me précipitai en larmes dans les bras de ma mère.

Je sais aujourd'hui qu'il s'agissait d'une unité de la deuxième division blindée SS «Das Reich» de sinistre mémoire. Remontant du Sud en direction du front de Normandie, elle fut responsable, le long de son trajet, de nombreuses exactions, dont celle d'Oradour-sur-Glane, le 10 juin 1944, quatre jours après le débarquement allié, où furent exécutés par balles et par le feu 642 hommes, femmes et enfants, massacre de la population civile le plus important perpétré dans l'Ouest de l'Europe durant la Seconde Guerre mondiale.

D'autres scènes se sont ainsi gravées dans ma mémoire, inaltérées malgré le temps.

C'était l'été, je dormais dans une chambre d'un rez-de-chaussée donnant sur la rue. La nuit était douce et la fenêtre ouverte. Je fus brutalement réveillé par le bruit caractéristique d'une moto arrêtée tout près, et dont le phare, au travers des persiennes, striait les murs de bandes lumineuses. J'entendais parler fort, indistinctement, mais suffisamment pour comprendre... Le moteur tournait toujours, assourdissant. Dans cette attente interminable, j'osais à peine respirer. Les rais de lumière tremblaient sur le mur, formant les barreaux d'une prison mouvante et imaginaire. Enfin ils basculèrent et s'effacèrent en même temps que s'éloignait le danger. L'obscurité et le silence revinrent. En vain jusqu'à l'aube, j'attendis le sommeil.

J'ai aussi le souvenir d'un autre jour d'été, au cours duquel je jouais avec quelques enfants dans un petit jardin public. Pour une raison que j'ai oubliée, si tant est qu'il y en eût une, l'un d'eux me traita de sale Juif, me faisant croire une fois de plus que des rumeurs circulaient à notre sujet.

Chaque situation semblable nous bouleversait tous, nous rappelant les risques permanents auxquels nous étions exposés.

Mais heureusement, le plus souvent nos

journées étaient celles de tous les autres enfants qui nous entouraient. Le matin, nous descendions ensemble l'escalier pour aller à l'école. Je m'amusais du claquement rythmé que faisaient sur les marches mes galoches à semelles de bois. J'avais un cartable brun en carton bouilli, dont je ne voulais jamais me séparer.

Avant de commencer la classe, nous nous mettions à genoux sur les bancs solidaires de nos pupitres, pour réciter la prière.

L'hiver, à tour de rôle, nous allumions le poêle à bois qui était au milieu de la classe, et d'où partait un long tuyau coudé qui traversait toute la pièce. Quand on avait bien travaillé, on nous distribuait des bons points que l'on échangeait ensuite contre des images pieuses. Parfois l'un de nous revenait avec des poux, et nous devions subir le traitement classique par la « Marie-Rose », poudre antiparasitaire, l'eau vinaigrée et le peigne fin.

Pour la fête des mères, qui venait d'être instituée, la maîtresse nous avait fait faire un portefeuille en papier cartonné jaune, cousu avec du ruban rose. Sur la couverture, dédiée « à Maman », j'avais dessiné au porte-plume et à l'encre violette un brin de muguet, une fleur et un petit train de trois wagons tirés par une locomotive dont la cheminée était surmontée de volutes de fumée. Sur le premier wagon était inscrit « sucre », sur le deuxième « café », et sur le troisième « beurre », produits de restriction par excellence. À l'intérieur, sur une carte orange, j'avais écrit de ma plus belle écriture :

« J'aime maman
qui promet et qui donne
tant de baisers à son enfant
et qui si vite lui pardonne
toutes les fois qu'il est méchant. »

Le jeudi, il n'y avait pas d'école. On allait au patronage avec un jeune abbé que l'on aimait bien, et qui nous faisait jouer en plein air au ballon, au béret ou à colin-maillard. Il nous emmenait parfois faire des promenades ou des pique-niques dans la campagne. Quand il faisait mauvais, on restait à l'intérieur d'un local vétuste, souvent froid, qui ressemblait à un petit garage et, à notre grand plaisir, on assistait dans le cliquetis de l'appareil et le clignotement de l'image à la projection muette d'un film de *Zig et Puce*.

Chaque année, le jour de la Saint-Joseph qui était le patron de notre école, tous les enfants étaient invités au château. C'était loin du village, mais on y allait à pied et en rang, souvent en chantant. On jouait dans le parc immense, et la châtelaine, qui était une vieille dame, nous offrait des gâteaux et à chacun un sac de billes. C'était un véritable événement.

Tous les dimanches, et certains autres jours selon les circonstances, j'étais enfant de chœur. Vêtu tout de rouge et de blanc, les cheveux débordant d'une petite calotte, je servais la messe. J'étais très fier d'assumer cette fonction que je considérais comme honorifique. J'avais l'impression de jouer un rôle important, dans un grand théâtre de pierre, au milieu d'un public recueilli et déjà convaincu de la valeur de notre spectacle dominical.

À la sortie de l'église, les gens disaient souvent à ma mère que je ressemblais au petit Jésus !... C'était sans doute un compliment, et les choses étant ce qu'elles étaient, ça la faisait sourire.

Parfois, quand le prêtre énumérait les noms des saints, et qu'il fallait répondre « priez pour nous... », on répondait « cuisses de grenouilles... » avec un air de circonstance, et ça nous faisait pouffer de rire, bien à l'abri des regards du curé et de l'assistance. Il y avait aussi les mariages où tout le monde était gai, mais où certains pleuraient quand même, les baptêmes d'où l'on revenait avec plein de dragées, et les enterrements. On était alors habillés de noir et, après la messe, on marchait longtemps jusqu'au cimetière, parfois sous la pluie, dans le froid ou la neige, derrière un cheval caparaçonné de noir. On portait d'une main un cierge très lourd que j'appréhendais toujours de faire tomber.

Au quotidien, nous vivions très simplement, économisant au mieux l'argent que deux des oncles de ma mère nous faisaient parvenir par des voies détournées. Malgré cela, comme autrefois à la maison, ma mère essayait de temps en temps de nous préparer des repas de fête... Elle avait un livre de cuisine dont le titre était « Manger...quand même », contenant, entre autres, des recettes de faux beurre et de fausse huile ! C'était l'art de l'illusion au service de l'art culinaire, le règne du navet, du rutabaga et du topinambour. On aimait bien le goût de ces plats comme celui des figues et des bananes sèches dont nous ignorions la saveur naturelle, mais notre préférence allait invariablement au rituel « pain perdu » doré, moelleux et saupoudré de sucre.

Les mois passaient avec toujours l'espoir que la guerre finisse, et que nous nous retrouvions tous ensemble comme avant.

Je pensais souvent à mes petits amis du camp, me demandant ce qu'ils devenaient.

Il y avait toujours les sirènes qui hurlaient le début et la fin des alertes lors du passage des bombardiers alliés. Nous allions dans les caves ou les abris creusés dans la terre, et recouverts de sacs de sable.

Nous avions un vieux poste de T.S.F. qui grésillait, et le soir, nous écoutions Radio Londres. C'était une émission en langue française, qui s'appelait «Les Français parlent aux Français». Elle était précédée d'un indicatif musical dont l'air ressemblait à celui d'un moulin à musique pour enfant. J'étais très intrigué et parfois amusé par les messages qui étaient diffusés. Pour nous, ils ne signifiaient rien. Ils disaient «le chat a peur des souris… je répète, le chat a peur des souris…» ou «les tulipes ont perdu leurs pétales»… mais quelque part en France, il y avait des hommes pour lesquels ils avaient un sens précis.

Le soir du 5 juin 1944 fut diffusé un message aussi mystérieux que les autres, complétant un premier diffusé les trois jours précédents, et signifiant que le débarquement allié aurait lieu dans les 48 heures. Le texte mémorable de cette annonce était extrait d'une poésie de Paul Verlaine intitulée *Chanson d'automne*, et dont les vers :

« Les sanglots longs
Des violons
De l'automne
Blessent mon cœur
D'une langueur
Monotone »

allaient décider de l'avenir du monde.

À l'aube du 6 juin, il y eut dans le ciel plus de deux mille bombardiers, et des milliers de bateaux sur la mer, entre le Havre et Cherbourg.

À partir de ce jour, les événements se précipitèrent. Les bombardements et les sabotages s'intensifièrent. Nous assistions au survol presque incessant des forteresses volantes et de gros avions à double fuselage, qui m'effrayaient particulièrement.

Au-dessus du village, un avion de reconnaissance américain fut abattu. Le pilote avait sauté en parachute. Dans la prairie où il était tombé, nous allions voir cet amas de ferrailles, symbole d'une délivrance tant souhaitée. Nous essayions tant bien que mal de monter sur ce qu'il restait des ailes aux grandes étoiles blanches semblant déchirées, et de nous hisser au niveau du cockpit, toujours émerveillés par les multiples cadrans du tableau de bord.

Le passage des convois allemands qui mitraillaient tout ce qu'ils rencontraient commença. Dans les champs, on trouvait de plus en plus de douilles de balles, que nous utilisions pour jouer.

Une nuit, un dépôt de munitions assez éloigné explosa. Le ciel fut embrasé pendant des heures. C'était comme un lointain feu d'artifice, avec des bruits sourds de déflagration, étouffés par la distance. On vit circuler des voitures à gazogène, flanquées de gros réservoirs noirs dans lesquels brûlait du charbon de bois, pour remplacer l'essence. Sur les portières étaient inscrites les lettres F.F.I. à la peinture blanche, initiales des Forces françaises de l'intérieur.

Par ordre de l'armée d'occupation, les phares étaient recouverts de caches de métal noir qu'une fente horizontale semblait transformer en heaumes de chevaliers du moyen Âge. De l'emplacement des yeux jaillissaient dans l'obscurité les deux faisceaux lumineux. Étrange regard d'un monde fantastique qui balayait la nuit, et dont l'aspect insolite était destiné à éviter les repérages aériens.

Un soir, dans une petite rue, en revenant du catéchisme, je me suis servi d'un sifflet que je gardais précieusement dans ma poche. Aussitôt deux civils sont apparus, armés de mitraillettes, et m'ont durement réprimandé.

Pendant cette période, on hébergea deux

résistants, envoyés par celui qui avait procuré à ma mère sa fausse carte d'identité. Ils arrivèrent avec une petite chienne noire et frisée, qui resta avec nous quand ils partirent. Ils étaient équipés d'un poste radio émetteur-récepteur, et en liaison avec les Anglais. Ils participèrent ainsi à des actions de sabotage, dont celui d'un pont de fer qui enjambait la rivière à quelque cent mètres d'où nous habitions. Avant de nous quitter, ils se firent teindre les cheveux, et l'un d'eux rasa sa moustache.

Pendant quelques jours il y eut des combats violents, des bruits de tirs tout proches, et des balles qui faisaient des trous dans les murs du jardin. Puis revint le silence précédant de quelques heures un grondement de plus en plus assourdissant, provoqué par l'arrivée des chars américains. Ça sentait le carburant. Tout le monde s'embrassait. Pour la première fois, je connus le goût du chewing-gum. La guerre était enfin finie.

En mars 1945, nous sommes revenus dans notre véritable maison, à vélo, nous deux, ma sœur et moi, sur les porte-bagages.

Dans le jardin abandonné poussaient de hautes herbes. Le lierre et la vigne vierge, comme des bêtes tentaculaires, commençaient à s'emparer des murs. Les pièces étaient vides. Juste deux lits en mauvais état nous ont permis de dormir. Je trouvais les locaux et le jardin très grands, disproportionnés aux souvenirs que j'en gardais. Je m'y perdais. J'avais oublié. Seule la balançoire était encore là, ancrée dans le sol, rare objet que les Allemands n'avaient pu emporter. Curieusement, la voiture aussi était restée dans le garage, sans roues, sur cales, comme une épave d'un lointain passé qui semblait à peine nous concerner.

Quelques jours plus tard nous ont été apportés le peu qu'il restait de notre séjour clandestin et notre petite chienne noire.

Nous avons repris notre vrai nom.

Le rideau se baissait enfin sur le drame que nous venions de vivre. Nous abandonnions nos personnages pour retrouver notre identité perdue. Il fallait à la fois essayer d'oublier et réapprendre, mais l'ambiguïté de la situation ne s'estompa que lentement, mêlée à celle, angoissante, de l'attente.

L'accueil du village, en dehors des quelques amis de toujours, fut indifférent, comme indifférentes avaient été les réactions lors de notre arrestation.

Avant les événements de juillet 1942, nombreux étaient les malades de mon père qui lui devaient de l'argent. La Sécurité sociale agricole n'existait pas. C'était presque une coutume de payer plus tard, au moment des récoltes. À notre retour, en raison de notre situation matérielle plus que précaire, ma mère envoya timidement quelques notes d'honoraires. Personne ne répondit.

Chaque jour, on attendait le retour de notre famille. Un après-midi, quelqu'un est arrivé en courant pour prévenir ma mère qu'on la demandait au téléphone. Celui qui l'appelait était un médecin d'une région éloignée de la nôtre, qui venait d'être rapatrié et avait vu soit mon père, soit un de mes oncles, l'un d'eux, mais dont il ignorait le prénom. Leur rencontre avait eu lieu quelques mois plus tôt, dans un camp en Haute-Silésie.

Pour qu'il puisse l'identifier, il fallait lui envoyer une photo. Ma mère lui en fit parvenir une, sur laquelle les trois frères étaient ensemble.

On a attendu la réponse avec impatience et émotion. Elle arriva peu de temps après. Sur la photo retournée, mon plus jeune oncle était entouré d'un cadre tracé au crayon.

Alors on a commencé à l'attendre, guettant l'arrivée du facteur ou la course d'un messager dans l'allée, venant nous faire part de son retour.

Avec ma sœur, nous avons retrouvé progressivement la vraie maison de notre enfance. Elle n'avait pas encore cinq ans. On jouait dans le sable avec des petits soldats de plomb. Elle imaginait qu'ils étaient dans un camp, et les en faisait sortir sur des civières, qui étaient des petites boîtes d'allumettes.

Sans doute y avait-il dans ce jeu une réminiscence des sorties définitives qui avaient lieu à Drancy, aussi sur des civières, et qui étaient celles des suicidés que l'on éloignait vite des regards de ceux qui assistaient à ces actes de désespérance.

Malgré cela, on s'amusait bien, et quand nous vivions des moments qu'elle considérait comme particulièrement agréables, elle se disait : « Il faut surtout que je ne les oublie pas, pour avoir de bons souvenirs quand nous retournerons au camp. » Mais la nuit, elle continuait encore à faire de terribles cauchemars qui nous réveillaient tous. La guerre était omniprésente dans ses mauvais rêves que traversaient des hommes en uniforme, casqués et terrifiants. Comme un leitmotiv revenait sans cesse l'image de mains sortant du mur, et l'agrippant.

Après notre retour, d'autres visions nouvelles et inquiétantes surgirent de ses nuits. Ainsi, la porte du grenier où ma mère et moi avions été découverts lors de notre arrestation s'ouvrait lentement devant elle, et de ce local sombre sortaient des soldats allemands, restés enfermés là, peut-être à l'attendre depuis des années, et se dirigeant vers elle, sinistres et menaçants.

Le passé et le présent se mêlaient étrangement.

Un jour, en marchant dans le jardin, j'ai entendu « la Marseillaise » diffusée par le poste de radio du voisin. J'ai appris que c'était la capitulation de l'Allemagne hitlérienne, l'officialisation de la fin de la guerre. C'était le 8 mai 1945. J'ai couru le dire à ma mère.

Dans les jours qui ont suivi, une lettre est arrivée, en provenance d'Autriche. Elle était écrite par mon oncle, dont nous venions d'avoir un signe de vie, et destinée à ma mère : *« Je suis, par miracle, un des rares survivants du camp d'Ebensee, et libéré maintenant, je compte bientôt rentrer. Embrasse les enfants. Préviens les parents. »* Sous la signature était mentionné un numéro, 12.1130, et précisé : *« Pavillon 15, camp d'Ebensee »*.

Quelques semaines plus tard, son arrivée fut confirmée. Nous étions tous les deux très excités et très émus. Après tant de temps, c'était comme irréel. Sans doute était-ce le premier à rentrer, et les autres suivraient bientôt. Peut-être tout allait-il redevenir comme avant ?

Il est arrivé à Paris, gare de l'Est, venant de Munich, puis fut conduit à l'hôtel Lutétia où s'effectuaient les formalités de retour.

Le lendemain, 26 mai, accompagné par une tante de ma mère qui l'avait accueilli, il prit le train jusqu'à la gare qui fut celle de nos départs vers les camps. Ma mère l'attendait.

Après trois ans d'absence, il franchit à nouveau le portail de la maison. Il était très pâle, les cheveux rasés, flottant dans des vêtements trop grands, et ayant maigri de trente kilos. Sur son avant-bras gauche était tatoué à l'encre bleue le numéro 51.251, sous lequel figurait un petit triangle.

Au début, il restait allongé, et on lui portait tous les jours des œufs au lait ou du riz au lait, pour qu'il se rétablisse rapidement. Il parlait peu. Après une si longue séparation et tant d'événements, on était soudain intimidés par sa présence.

Très vite, sans que cela me fût dit, je compris que mon père ne reviendrait jamais, ni mes autres oncles, ni mes grands-parents.

Plus tard seulement, je sus qu'il revenait de ce lieu que nous appelions Pitchipoï, et dont le véritable nom était Auschwitz-Birkenau.

Et bien plus tard encore, il nous raconta*…

---

* Voir *910 jours à Auschwitz*, Éditions du Retour, 2016.

Les enfants avec lesquels nous étions depuis notre arrestation, et dont nous aurions dû partager le sort, ont quitté Drancy le 6 novembre 1942 par le convoi n° 42 et ont été gazés dès leur arrivée à Auschwitz le 8 novembre, à la fin du voyage...

De ce convoi, quatre personnes sur mille survécurent.